Creative Involvement
A New Direction in
China's Diplomacy

创造性介入

中国外交新取向

王逸舟 著

北京大学出版社
PEKING UNIVERSITY PRESS

图书在版编目(CIP)数据

创造性介入:中国外交新取向/王逸舟著. —北京:北京大学出版社,2011.9
ISBN 978-7-301-19473-7

Ⅰ.①创… Ⅱ.①王… Ⅲ.①外交史－中国 Ⅳ.①D829

中国版本图书馆 CIP 数据核字(2011)第 183950 号

书　　　名:	创造性介入——中国外交新取向
著作责任者:	王逸舟　著
责任编辑:	张盈盈　耿协峰
标准书号:	ISBN 978-7-301-19473-7/D · 2938
出版发行:	北京大学出版社
地　　　址:	北京市海淀区成府路 205 号　100871
网　　　址:	http://www.pup.cn　电子邮箱:ss@pup.pku.edu.cn
电　　　话:	邮购部 62752015　发行部 62750672
	编辑部 62753121　出版部 62754962
印　刷　者:	三河市北燕印装有限公司
经　销　者:	新华书店
	650 毫米×980 毫米　16 开本　12 印张　92 千字
	2011 年 9 月第 1 版　2018 年 1 月第 2 次印刷
定　　　价:	28.00 元

未经许可,不得以任何方式复制或抄袭本书之部分或全部内容。
版权所有,侵权必究
举报电话:010—62752024　电子邮箱:fd@pup.pku.edu.cn

谨以此书表达对
富有智慧和创新精神的中国外交人的敬意！

目 录

引　言　/ 001

第一章　概念辨识 / 007

第二章　案例讨论 / 023

　　案例 1　斡旋缅甸 / 025
　　案例 2　帮助苏丹 / 032
　　案例 3　傅莹方式 / 039
　　案例 4　战略对话 / 048
　　案例 5　借力东盟 / 054
　　案例 6　运筹台海 / 062
　　案例 7　朝核机制 / 069
　　案例 8　北非撤离 / 074

第三章　理论支持 / 083

学说 1　全球治理说 / 085
学说 2　海外利益说 / 091
学说 3　新型主权说 / 094
学说 4　慎用武力说 / 100
学说 5　王道霸道说 / 105
学说 6　抑制惰性说 / 112
学说 7　战略疆域说 / 116
学说 8　社会民意说 / 123
学说 9　国际公关说 / 127
学说 10　利益分层说 / 132
学说 11　复杂现象说 / 137
学说 12　世界大势说 / 143

第四章　场景假想 / 149

假想 1　两岸中程架构 / 151
假想 2　中美日的对话 / 155
假想 3　驾驭南海大势 / 160
假想 4　中非新型合作 / 167

尾　声 / 173

后　记 / 181

引 言

在经历了新世纪的头十年之后,中国外交已跃上一个新的高地。在笔者看来,"新高地"有两个看似矛盾、实则相关的显著特征:其一,凭借不断增强的综合国力和外交努力,中国已初步具备世界大国的气象,差不多所有区域性和全球性重大事务都越来越离不开中国的参与和表态,在某些领域(如推进世界贸易和投资、大范围推广脱贫减灾经验、拉动全球制造业景气等),更显现出带动国际社会进步、为人类整体文明作出更大贡献的良好前景。这是近代以来的几百年间世界史从未有过的局面,也是占当今全球人口五分之一的中华民族罕见的机遇,当然其间包含着中国外交人的劳苦高功。其二,在骤然增加的机遇、压力和复合型的内外矛盾面前,中国外交受到来自不同方向、对错混杂的大量批评与建议,所谓"高处不胜寒",出现了明显的不适应症(例如各个层次的战略先手不够,提供的国际公共物品不多,不善于应对国际上各种非政府组织和大众舆论,已出台的某些政策缺乏公信力,外交部门的自我评估与外界评价之间有差异)。越来越多的有识之士认为,中国外交急需自我更新和再定位,在既定方向和适度调整之间发现新的平衡点,即以改革开放、和平发展的基本路线为基础,加大参与国际事务和"有所作为"的力度。

本书提出的"创造性介入",正是就新高地的中国外交所提出的建言。它并非某种系统的思想学说或逻辑假设,不是传统意义上的国际关系学说和外交理论①,而是一种介于形而上的理论和具象的政策解释之间层次的引导性说明,也可以说成是一种旨在激励更加积极参与国际事务、倡导创造性解决方案的对外关系思想。这种"创造性介入"论说,主要受到近年来中国外交一些成功

---

① 对于中国外交过去一段时期的实践成效,国内外学界和研究者有大相径庭的评估及结论。下面的作品可作为有代表性的、相对深入和客观公正的读物:〔英国〕Barry Buzan, Rosemary Foot, eds., *Does China Matter? A Reassessment, Essays in Memory of Gerald Segal*, Routledge, 2004;〔加拿大〕江忆恩(Alastair Iain Johnston):《中国外交政策研究:理论趋势及方法辨析》,《世界经济与政治》2006 年第 8 期;〔中国〕朱锋、〔美国〕罗伯特·罗斯(Robert Ross)合编:《中国崛起:理论与政策的视角》,上海人民版社 2008 年出版;〔美国〕金骏远(Avery Goldstein):《中国大战略与国际安全》,社会科学文献出版社 2008 年版。总体而言,我个人的感受是,它们各有其观测角度和事实依据,阐述的看法都有值得重视的道理,但同时均有缺失和问题;其中一个最大的不足是,就本书关注的主题来说,多数作者似乎不言自明有一个预设,即:中国是一个长期有麻烦、存在巨大不稳定性和挑战威胁的国家,中国外交始终处于被动的、反应型的状态,而"国际社会"(其实主要是欧美发达国家)总是用同情或责备的眼光,居高临下地审视"中国问题",或对中国外交"下指导棋"。这个预设固然有它的成因和理由,不过不是本书批评的重点;笔者更关心的是,如何把"国际社会"视为一个多样的、变化的、可影响的对象?中国在经历"成长的烦恼"的同时如何展示自己的活力?中外的互动如何置放在一个更有积极意义和创造性的平台上?对这些问题,似乎缺乏有深度、有说服力的答案。

案例的启示，同时注意到中国传统文化及外交风格的延续性，参照了国际惯例及发展趋势，努力开掘国际外交事务圈的"中国特色"。大体上，"创造性介入"的要旨有三：（1）它判定世界总体的和平与发展的趋势没有变，我国持续壮大和加深对外依存的趋势没有变，以此认知作为鼓励中国外交"给力"的大背景；（2）它特别强调中国外交的引导性、主动性和建设性，把塑造于我有利、多数认可的国际规则和话语观念，力争在和平、合作和共赢的方式下解决纠纷，视为夯实"有所作为"方针的中心点；（3）它拒绝成为习惯思想和做法的囚徒，相反，"创造性介入"的特点在于，越是在困境和挑战面前，越重视有想象力的斡旋方式或巧妙想法，越要避免陷入强硬而简单的对抗解决方式。发生在新世纪前后的一些"创造性介入"外交实践，预示着中国外交更大作为与责任的时代，揭示出未来中外关系更加积极和良性互动的力量源泉。"创造性介入"肯定需要付出大量智慧与心血，看上去对外交人和政治家增添了成本和辛劳；但它也有好的回报，最重要的是拓展了于我有利的空间、使中国外交家能够扬长克短、大展身手，它将为人民、为国家创造更多的物质财富和更好的外部形象，彰显中华民族爱好和平、富有智慧的一面。

笔者的写作路径是，在大致厘定"创造性介入"的概念之后，挑选冷战结束以来中国外交实践中有典型意义的事件或人物，梳理呈现它（他）们的创新之处并解释其普遍意义。案例选取的原则是尽量"厚今薄古"，以便与中国外交的下阶段对接；素材完全取自可公开查阅的资料，包括网上得到的信息，以表明中国外交研究可以不依赖特殊渠道和内部信息。本书不仅讨论每个个案的成功之处，也要探究它们有待完善的地方、局限性和风险；与其说是赞扬那些优秀的外交官和外交手笔，不如讲更希望鞭策、推动相关的变革及反思。在做完这一步之后，论说的重点转向有关"创造性介入"的各种支持性命题、观点和"理论"，看它们如何应用扩展至中国外交下一阶段的实践。在这本小书的最后部分，笔者试着设定若干场景，讨论"创造性介入"可能的切入点，希望这些场景有更多的再现和脚本。囿于作者有限的信息量和认识力，书里选取的案例，肯定有各式各样的缺失和不同的解说版本；所谓"理论"，也只是个人对中国外交实践过程的一种初步整理，绝非系统和成熟的学说。特别想提请读者注意的，不是书里的外交故事细节和精准度，而是"创造性介入"的思路，是这种新外交的基本取向。

第一章 概念辨识

**联合国前副秘书长、
中国联合国协会会长陈健大使为本书题辞**

新中国成立的三十多年间，不干涉内政一直是我国外交政策的基石之一。在相当长一段时间里，世界上其他国家发生的一些事情，往往与中国直接关联不大，我们至多是从外交层面做出原则表态，具体而言则比较超脱。改革开放以来，随着融入国际体系的程度不断加深，我与世界的关系，与世界各国的关系，开始发生重大的变化。时至今日，中国实际上已在经济层面介入了许多国家内部，并且随着经济介入也带来了政治层面、文化层面等方面的影响力，形成了一些利益共同体。适应这一形势的变化，如何在坚持不干涉内政原则的同时，正确认识"介入"的实际，制定更切合实际的、互利共赢的"介入"政策，已是我面临的新挑战。于是乎"建设性介入"、"创造性介入"等等设想逐渐浮出水面。王教授的力作，着眼于从解剖外交实践出发，提出了"创造性介入"的理念，具有开拓性和前瞻性，无论是对于理论工作者还是外交实践者都有很好的参考价值。希望此书的出版能激发学术和政策层面对不干涉内政问题的一次全面深入的讨论。

本书的中心思想是，在新时期各方面的要求和利益驱动下，在量力而行与统筹兼顾的前提下，中国外交须对国际事务有更大的"创造性介入"。在这里，"介入"一词（英文是"involvement"或"intervention"①）比较容易理解，指的是"参与"、"加入"、"契入"、"卷入"或"进到内部"的意思。比较难解释却十分重要的，是"创造性"这个前缀性术语。怎样界说这一概念？如何使之切合中国视角、中国利益与中国风格？在讨论具体的案例及观点之前，有必要对"创造性"及相关概念做些解析。

所谓"创造性"（英文是"creativity"），是指应用新颖的方式解决问题，产生新的、有价值的产品或结果的过程。在心理学的分析里，创造性的心理也是复合思维与发散性思维结合生成的一种形态，它具有流畅性、变通性、独特性等特点，并与人的坚持、自信、意志、责任、勤奋、热情、兴趣和联想等能力有关。创造性常常表现为特别具有主动性和进取心的一种思维过程。当我

---

① 加拿大著名东亚问题专家埃文斯（Paul Evans），曾向笔者建议"创造性介入"的英文译法。他建议不使用"intervention"而用"involvement"，理由是英语语感里，前者稍带贬义而后者较为中立。经过考虑，笔者采用了他的建议。在此，也向埃文斯教授表示感谢。

们说某个人具有"创造性思维"(英文是"creative thought")时,是指他的思维不仅能揭示事物的本质,还能在此基础上提出新的、建设性的设想和意见。创造性思维与一般思维相比,其特点是思维方向的求异性、思维结构的灵活性、思维进程的飞跃性、思维效果的整体性和思维表达的新颖性。创造性思维,是一种具有开创意义的思维活动,即开拓人类认识新领域的思维活动。创造性思维是以感知、记忆、思考、联想、理解等能力为基础,以综合性、探索性和求新性为特征的心理活动,是需要人们付出艰辛的脑力劳动。一项创造性思维成果的取得,往往要经过长期的探索、刻苦的钻研甚至多次的挫折;创造性思维要经过知识的积累、素质的磨砺才能具备。创造性思维的过程,离不开繁多的推理、想象、联想、直觉等思维活动。这种思维方式,遇到问题时,能从多角度、多侧面、多层次、多结构去思考和寻找答案。它既不受现有知识的限制,也不受传统方法的束缚,思维路线是开放的和不断扩散的;解决问题的方法不是单一的,而是在多种方案、多种途径中去比较和选择。①

可以看出,"创造性"的核心在于"创新"(英文是

---

① 以上解释可以参见网络上著名搜索引擎"百度搜索"对"创造性"、"创造性思维"等术语的界定。

"innovation")。这里,"创新"特指人的一种特殊活动,它提供了新的思想、新的方式,带来了新的变化或新的源泉。创新在军事、经济、商业、建筑、学术等各个领域,起着极其重要的开辟和先导作用;离开创新的激励和相应的制度安排,各行各业就失去持续的动力,进步也无从谈起。创新不是单纯的"出新",而必须在"推陈"基础上实现;也就是说,要通过改革和调整,付出辛劳、代价或风险,打破惯性惰性和官僚定律的束缚,才能达到新的彼岸。根据诺贝尔经济学奖得主熊彼特(J. A. Schumpeter)的说法,在商业和经济活动中,"创新"可以有多种表现,如引入一种新产品,创立一种新的生产方法,开辟一个新的市场,或获得新的原材料或半成品来源。依此类推,在外交和国际关系里,"创新"也可有多样的形态,如提供新的外交文本和解说,引入新的安全观念或依存思想,开辟新的谈判空间或机制,从其他领域或"工具箱"借用一些手段来突破旧的框框或僵局,等等。可持

诺贝尔经济学奖得主熊彼特

续的创新，需要艰苦、复杂、细致、长期的劳动与积累，需要创新者有好奇心、想象力、质疑和探索的本领，需要制度性保障乃至环境的认可。真正善于创新的人，也一定是乐于学习的人，勇于自我超越的人，不拘一格、大胆进取的人；在制度性保障比较持久和完备的环境下，创新者会比在其他环境下更乐于发挥和更多涌现出来。当代人类生活的各个领域，如技术、市场、学术、思维、军事、外交等等，概莫能外。

分析至此，我们或许可以借鉴熊彼特提出的"创造性破坏"（creative destruction）思想。① 他提出：当周期性经济景气循环跌到谷底的同时，也是某些企业家不得不考虑退出市场或是另一些企业家必须要"创新"以求生存的时候。只要将多余的竞争者筛除或是有一些成功的"创新"产生，便会使景气提升、生产效率提高，但是当某一产业又重新是有利可图的时候，它又会吸引新的竞争者投入，然后又是一次利润递减的过程，回到之前的状态。所以说每一次的萧条都包含着一次技术革新的可能，反过来，技术革新的结果便是可预期的下一次萧条。他指出，经济创新过程是改变经济结构的"创造

---

① 可以参阅"MBA智库百科"（MBA Lib）的解释条目"熊彼特的创造性破坏理论"。

性破坏过程"。经济创新不断地从内部使这个经济结构革命化，不断地破坏旧结构，不断地创造新结构。这个创造性破坏的过程就是资本主义的本质性事实。有价值的竞争不是价格竞争，而是新商品、新技术、新供应来源、新组合形式的竞争，也就是占有成本上或质量上决定性优势的竞争，这种竞争打击的不是现有企业的利润边际和产量，而是它们的基础和它们的生命。熊彼特将企业家视为创新的主体，其作用在于创造性地破坏市场的均衡。动态失衡是健康经济的"常态"（而非古典经济学家所主张的均衡和资源的最佳配置），而企业家正是这一创新过程的组织者和开拓者。通过创造性地打破市场均衡，才会出现企业家获取超额利润的机会。熊彼特突出企业家的创新性，但是他认定企业家是一种很不稳定的状态。一个人由于"实现新的组合"而成为企业家，"而当他一旦建立起企业，并像其他人一样开始经营这个企业时，这一特征就马上消失"。因此，企业家是一种稍纵即逝的状态。按照他的定义，一个人在他几十年的活动生涯中不可能总是企业家，除非他不断"实现新的组合"，即不断创新。简言之，创新是判断企业家的唯一标准。在熊彼特看来，"创造性破坏"是近代资本主义的本质性事实，重要的问题是研究资本主义如何创造并进而破坏原有结构，而这种结构的创造和破坏主要不是通过价格竞争而是依靠创新的竞争实现的。每一次大规模的创新都淘汰旧的技术和生产体系，并建立起新的生产体系。因此，创新就是不断地从内部革新经济结构，即不断破坏旧的结构，创造新的结构。把这种理论借鉴到本书所讨论的主题上，可以说，"创造性介入"的过程，就是充分发挥外交家个人（"企业家"）的能动性和创造性，在看似机械重复的外交公务活动和文本写作过程里，注入个人的创新思想、思路或行动方案；在这一过程中，必须打破陋习、官僚定律或思维定式，以通常被认为是有些冒险或不合常规之做法，推动更高层次的外交进步即"创造性破坏"。

不妨举几个事例，说明平日间大量存在的类似创造性破坏和推陈出新的过程。比如，日益增多的新型遥感和机械技术，对汽车、飞机等过去必须由人亲自操作的大型机械实现无人驾驶，贡献出一种创造性的工业技术；摩托罗拉等公司推出的翻盖手机，颠覆了传统的手机面板形态，取得了商业利润的大幅提升，就属于典型的创新；爱因斯坦提出的广义相对论学说，突破了牛顿力学的束缚，拓展出20世纪物理学全新的思考和实验空间，其理论思想的创造性无与伦比。观察国际关系理论谱系也不难见到,第一次世界大战后欧美一些国家盛行的"理想主义学说",虽然有许多不足和问题,但它却是对以前主宰政治思想史的进化论思维的一种创造性超越,奠立了国际联盟和后来的联合国以及战后国际法主干的思想理论基础;取而

理想主义学说代表人物
威尔逊

代之的现实主义的各种思想流派,尽管内部有各种纷争,把古典政治学中的一些精华(如有关人性恶的假说、均势思想、海权和空权论等),创造性地运用于实际的国际关系和外交斗争中,提出了安全困境论、地缘政治论、国际体系论、跨越式发展论、依附论或"中心/边缘论"等有重大影响的理论命题;20世纪六七十年代兴起的相互依赖理论、全球化理论、可持续发展理论、国际制度理论等分支流派,创造性地继承了早期理想主义的某些内涵,同时批判性地借鉴了传统现实主义的一些核心假设,既为20世纪最后几十年国际关系理论的大发展和大争论开辟了新的领地,也给冷战结束后世界政治的新现实提供了思想指南与启迪线索;世纪转换之际异军突起的建构主义理论,则打破旧的思考藩篱与争论逻辑,从

人的认知心理推导国家间的互动方式,把国际政治乃至国家本身当成想象、错觉、塑造和改变的过程,从而创造性地提示了看似简明与铁定的国家行为和国际规范内部存在的千差万别、千变万化。①

本书讨论的外交案例,都属于国际关系领域里中国人创造性的表现,是对外交传统的某种超越或丰富,它们打开了外交人想象的新空间与更大施展的可能性,也证明了改革开放带来的中国外交活力与创新;它们没有带来一劳永逸的方案,更不是完美无缺的结果,但它们或打破了国际僵局,或提供了新的外交选择,或创立了中国主导的机制,或扭转了长期的被动局面,或孕育出国家间积极互动的新线索。像后面将要介绍的那样,王毅作为中国政府特使斡旋缅甸的一节,他不仅成功说服缅甸政府接受联合国秘书长代表的到访,而且在

《西方国际政治学》书影

---

① 关于国际关系理论谱系的演化及分类,可参见笔者所著的《西方国际政治学:历史与理论》,上海人民出版社 1998 年版。

最终双方发表的外交公报里用富有想象力的文字表述了中国的新立场;刘贵今大使作为中国政府非洲事务特别代表,在帮助苏丹摆脱国际困境、争取各方理解、实现国内和解与国际承认方面,做了层次细腻丰富的接触和成果持续显著的努力;傅莹在担任驻外重要使节的生涯中,每每在危机关头总能挺身而出,直面质疑,用细致说理、耐心对话、善讲故事、与民众真诚沟通等柔性方式打破僵局;中国外交高层近年推动的大国间战略对话,逐渐形成全球重要力量之间克服障碍、缓解矛盾、促进合作的一个新平台,体现了我们国家在对外关系上"和而不同"、"斗而不破"的新技巧;在与东盟作为一个次区域重要国际组织的交往方面,中国倡导的"新安全观"、亚洲金融危机时的"雪中送炭"以及新世纪以来大力推动的自贸区进程,折射出中国处理周边区域关系时的一些新"抓手";党的十七大以来在对台方针上的重大战略谋划与调整,一举扭转了被动反应局面,使两岸关系朝着于我有利、对"台独"势力不利的方向循序渐进;中国在朝鲜半岛无核化问题上建立的六方会谈平台,不仅区别于过往我们的政策和现今其他大国的办法,更提供了东北亚持久和平及"以我为主"的地区安全机制的某种雏型;2011年初中国政府在撤退北非中东华裔劳工侨民问题上的一系列大手笔，显示出有别于以往的保护我海外利益的意志、手段和统筹力，为新世纪第二个十年中国外交的"创造性介入"做了有意义的开头。试想一下，中国外交官原本任务繁重，国内如此庞大的人口、经济规模和海外利益，势必赋予他们不同于任何外国同行的工作量；顺利完成职责内的诸多对外交涉、文案撰写、日常汇报、各种接待和领事保护等等，已实属不易，遑论所有这些领域的工作都有快速增加的势头；在这种状况下，推出有创造性的设想、文本或行动方案，更难能可贵。

这里须简要讨论"外交"范畴，它关乎本书讨论的范围。狭义的"外交"（英文"diplomacy"），指的是外交部门代表国家对外行使职责的方式及内容，如建交或断交、照会或派遣特使、宣布领导人的出访来访、安排国家间的谈判和交涉、参加只有主权国家能够参加的国际会议，等等；它表达的是民族国家的整体意志和要求，只有职业外交人员才能执行其使命任务（对其专业外语、法律知识和组织纪律通常都有严格要求），也自然构成所谓"总体外交"或"大外交"的核心部分。"外交"有时也有广义的解释，而且现在各国都有更多使用广义"外交"的趋势；这种解释所讲的"外交"（英语有多种译法，如"foreign affairs"、"international relations"、"foreign relations"等），具有"对外关系"、"涉外事务"、"国际联系"的含义，在适当加上传统狭义外交的某些职能与性质之后，它们构成了"国家对外关系"的广义范畴。这方面之所以有越来越多应用的势头，是因为广义的外交概念有利于国家在不同层面的对外交往与合作，尤其当核心外交遇到障碍、无法沟通时，典型事例有"体育外交"（如"乒乓外交"和"足球外交"）、"教育外交"（如大力推广的"孔子学院"）、"文化外交"（如中华文化艺术的对外展示）、"商务外交"（各种商业性质的对外洽谈活动）、"军事外交"（联合军演或军官出访）、"人民外交"、"公众外交"、"公共外交"、"非中央外交"（如美国"加州外交"或中国"上海外交"）、"次区域外交"（如湄公河流域各国合作或近年崛起的"博鳌论坛"）等。虽然笔者一向赞成"大外交"或"总体外交"的做法及提法，本书却有相对有限的目标，即限定在对核心外交层次的透视，主要涉及外交、商务、军方三大强力

周恩来会见美国乒乓球代表团全体成员（1971年4月）

部门近年的案例（包括台湾问题亦从国际关系和外交角度考察），主要着眼外交部门的办案思路与技巧，分析职业外交官主导的"创造性介入"，提示外交（diplomacy）的新取向。

可能有人质疑，提倡"创造性介入"，会不会影响"韬光养晦、有所作为"的既定方针，进而改变邓小平改革开放的基本路线？我认为，"韬光养晦"方针是在苏联解体、东欧剧变后的特殊国际国内背景下提出的，进入21世纪以后内外环境和条件都发生了大的改变，因而这一方针必须适度调整，以适应新的情况与要求；其中关键的一点是，中国业已站在全球高地上，我们国家的利益有越来越大的部分是在外部世界实现，中国人不能不统筹内外两个大局，在对外设点布局的同时提出更多的国际方案与建设性思路。这就是"创造性介入"的主要动因所在。另一方面，笔者深信，邓小平提出"韬光养晦"方针的精神仍有继承的必要，仍将得到广大中国人民的拥护，那就是：中国要保持谦虚谨慎的态度，努力学习、量力而行与不断提高，始终不称霸、不当头、不对抗。它也体现了改革开放以来中国一贯倡导的独立自主、互利共赢、和平合作的外交路线。这一路线不会也不应当有任何改变。所以，本质上，"创造性介入"的新外交，是在新形势下对邓小平路线的丰富与发展，以体现处在更高阶段、更大视野和更具进取心的中国外交。

总之，"创造性介入"讲的是一种新的积极态度，即在新世纪第二个十年到来之际，中国对国际事务要有更大参与的意识和手法。它要求中国的各个涉外部门和更大范围的中国公众，在坚持邓小平改革开放基本路线的同时，增强进取心和"下先手棋"，积极介入地区和全球事务，拿出更多的方案并提供更多的公共产品及援助，以使未来国际格局的演化和人类共同体的进步有中国的印记、操作及贡献；它也提醒我们对外政策的规划人和制订者，中国不能走西方列强称霸世界的老路，不能把我们的意志和方案强加于人，在积极参加国际事务的同时注意建设性斡旋和创造性思路，发掘和坚守东方文化和历史文明里"求同存异"、"和而不同"、"斗而不破"、"中庸大同"等成分，倡导并坚持"新安全观"、"新发展观"、"和谐世界观"等理念，谨慎恰当地处理与其他国家和国际社会的关系，审时度势、统筹兼顾地提升中国在世界舞台的形象与话语权。这种新的"创造性介入"立

> "创造性介入"讲的是一种新的积极态度，即在新世纪第二个十年到来之际，中国对国际事务要有更大参与的意识和手法。

场,既不是对"韬光养晦"姿态及做法的抛弃,又绝非西式的干涉主义和强权政治,而是符合中国新的大国位置、国情国力和文化传统的新选择。这一立场,将伴随中国和平崛起的整个阶段,逐渐形成国际政治和外交舞台的中国风格。

第二章　案例讨论

下面的案例均取自冷战结束以来中国外交的实践，体现中国外交官和高层在对外关系不同领域的"创造性介入"。基本的事实没有任何保密性，均能从外交公报或网络平台上查阅检索。无论用什么标准衡量，它们都不是完美的、成熟的、定型的，有些是无法推广的，有些仅仅是局部的"闪光"，有些未来可能会遭受挫折，但依笔者的眼光，它们或多或少含有"创造性介入"的颗粒与介质①，表现出中国外交家在困难或僵局时刻的勇气与想象力，孕育今后一段时期更大作为的种子，提供了研究者捕捉内涵丰富而表象混沌的新进展的线索。

案例1　斡旋缅甸

让我从新华通讯社数年前刊发的一则公报说起——

---

① 本书多次提到"介质"一词，这里需要适当解释。"介质"（medium），也叫"媒质"，本是一种光学概念，它讲的是波动能量在传递时，需要某种物质基本粒子的准弹性碰撞来实现，其物理成分、形状、密度、运动状态，决定了波动能量的传递方向和速度。这种对波的传播起决定作用的物质，被称为波的介质。一种物质存在于另一种物质内部时，后者就是前者的介质；某些波状运动（如声波、光波等）借以传播的物质，被称作这些波状运动的介质（参见"百度百科"关于"介质"的定义）。把它应用到外交实践上，可以说，创造性介入的功效，是把原本存在的"介质"发掘或激发出来，加强彼此间的积极互动。故，"介入"是一个动的状态，"介质"更具有实体性，两者既有联系，也有差异。

新华社仰光2007年11月16日电　中国政府特使、外交部副部长王毅14日至16日对缅甸进行了访问。缅甸国家和平与发展委员会（和发委）主席丹瑞15日会见了王毅。双方就共同关心的问题坦率深入地交换了意见，高度评价近年来两国在政治、经济、文化等领域互利合作取得的进展，愿共同努力发展中缅传统"胞波"情谊，深化互利双赢合作，把两国关系不断推向前进，造福于两国人民。

缅方介绍了国内情况，表示将根据全体人民的意愿，采取积极、务实举措，加快推进七点路线图计划。同时，他们向中方表示将继续为维护稳定、发展经济、推进民主、提高人民生活水平做出努力。中方重申在缅甸问题上的原则立场，支持缅甸政府和人民实现政治和解、改善人民生活的努力，希望缅甸通过协商妥善解决当前面临的问题，加快国内民主进程。中方将继续支持联合国秘书长及其特别顾问的斡旋努力，希望国际社会按照国际关系准则对缅甸提供积极和建设性帮助。中方真诚希望缅甸政治稳定，经济发展，早日实现长治久安。

王毅与缅甸主席丹瑞等人合影（2007年11月）

资料来源：http://gov.cn/jrzg/2007-11/16/content_807991.htm。

我的解读是，这个简短的外交公报，向国内外读者传递了两点重要信息：其一，中国政府通过与缅甸的友好关系，努力帮助联合国的调解取得进展。当时的背景是，缅甸国内正发生严重的政治社会危机，军人掌权的政府与一些抗议僧人和社会团体形成尖锐紧张的对峙，而东盟在调停这个成员国的问题上意见分歧、止步不前；出于对美国等西方国家操纵联合国和国际机制的担心，缅甸政府还拒绝了联合国秘书长派遣特别顾问到仰光进行斡旋的请求。在僵局面前，中国政府派遣时任外交部常务副部长的王毅作为中国政府特使前往缅甸首都，劝说这个国家的执政者权衡利害、顺应时势，对国际社会的关注予以积极回应，尤其是把赞同联合国秘书长顾问的到访，作为缓解危机并与国际社会合作的重要一步。王毅大使的努力最终奏效，缅甸军政府同意了联合国秘书长顾问的造访。僵持局面由此打开。虽然后面的事态依然曲折多变，各方普遍对中国特使的调解成效表示了赞赏。其二，更重要的是，它表明，中国在相互关系上并非只是追求狭隘的经济和战略利益，更不像某些西方大国那样粗暴施压、强人所难，而是在巧妙劝和的同时，用真诚朋友的态度，鼓励缅甸国家的政治对话与民主化进程。众所周知，中国与缅甸两国之间有着长期友好互利合作的关系，涉及能源、经贸和战略等多个领域，这种关系从毛泽东、周恩来到后来的历任中国高层领导人从未间断，其密切程度堪称不同社会制度和意识形态的国家间平等相待、互利共赢的典范。然而，国际上特别是西方国家对中缅关系存在一种误解甚至歪曲的看法，认为它不过是中国利用实力地位和地缘优势，为获取缅甸这个邻国的丰富自然资源与战略出海通道所建立的一种非正常关系，属于不对等的利益嫁接和依附模式。王毅大使的此次出访和事后发表的外交公报，令上述误解和歪曲不攻自破；公报用简明但深刻的文字，不仅表达了中国对友好邻邦稳定发展、长治久安的良好愿望，更展示出改革开放新面貌下中国人的先进政治观念。

王毅斡旋缅甸的成功,在笔者看来,便是当代中国外交的一种"创造性介入"。这类

《中缅友好和互不侵犯条约》签字仪式(1960年1月)

"创造性介入"的特点,首先在于它运用国际上普遍使用、特别是大国外交上常用的派遣特使方式,针对现有机制无法解决的困顿和难题,直接介入有关国家和区域,凭借外交官的智慧与谈判技巧,提出新的解决办法或思路。派遣特使而非驻在国的大使,本身就是一种特殊的授权,表明其身份和传递的信息非同寻常,代表着派遣国最高层的意愿与要求。其次,中国政府特使的努力及其方式,还表现出中国外交官特有的亲和、耐心、平等待人与不事声张;在缅甸这类经常被西方外交官和媒体轻蔑地称作"麻烦国家"、"问题国家"的地方,中国外交家不居高临下、颐指气使,而是用平等的商量、耐心的等待、朋友式的真诚,赢得了信任与尊重,取得了柳暗花明、打破僵局的效果。然而,依照本书标尺,关键的创造性介质,当属那个简短的外交公报所表达的第二

点讯息。它体现了中国外交家的高超智慧与技巧，表达出新形势下中国对双边友好关系的坚持和对国际大势的明辨，既坚守不干涉内政、尊重当事国主权、相互平等与和平共处等既定原则，又传递出国际社会特别是周边国家期待缅甸军政府趋利避害、实现良治、稳定政局的普遍愿望，表达了中国作为国际社会一个建设性和负责任大国的立场；它还是中国公众政治意愿的折射，是对那种狭隘的经济和军事利益观的超越。

须看到，此番中国政府特使的成功，也有一些特殊因素的助力。比如，新中国建立之初中国领导人在领土纠纷问题上表现的大度谦让立场，奠定了中缅长期特殊友好关系的基石。由于国内政治而饱受国际制裁和外部责难的缅甸，在经济发展、引进外资、国际贸易和装备更新等问题上，确实指望保持与中国这个重要朋友的合作关系。换作其他邻国，同样是斡旋调解，同样是耐心低调，中国特使未必都能如此有效。① 因此，不能忘记，

---

① 2008年年底，在印度和巴基斯坦两国关系因孟买恐怖袭击事件而剑拔弩张之际，中国政府特使、外交部副部长何亚非急赴印巴两国首都斡旋，却获得印巴截然不同的回应：巴基斯坦积极响应中国的倡议，而印度出于对中国根深蒂固的疑惑，对印巴关系复杂性的考量，婉拒了中国的调解努力。

斡旋缅甸这类"创造性介入"的成功，离不开对介入对象、时机和环境的可行性评估。比如说，笔者没有把握，单就两国关系而言，当缅甸与中国发生重大利益摩擦时，如对湄公河水资源利用的分歧，或涉及对与我国交界地区缅甸某些族际矛盾及武装团伙的处置，我们的"创造性介入"是否有别的方式并仍能奏效。① 但总体而言，此次王毅特使对缅甸事务的"创造性介入"，表达了中国外交未来的一种取向：向世界更多的地方和需要中国的不同领域，派遣更多的特使、特别代表和其他名义的调停人，以不同于西方强国的方式，用东方人特有的智慧和技巧，表达改革开放之后中国政府和广大人民的意愿和建议，促成地区内部和全球层次上的各

---

① 笔者手头有一本由"和平与冲突研究中心"（The Center for Peace and Conflict Studies）编写的非正式出版物《倾听来自内部的声音：缅甸各族人民如是说》，最近刚刚印刷出来。虽然它的政治立场与缅甸政府和中国官方显然有差异，但里面介绍的大量最新数据和情况，如复杂的民族构成与族际矛盾、土地分配不公和大公司垄断现象、政府军与反政府的多个武装分别签署的停战协定内容、丰富的自然资源和利用这些资源的基础设施的不足、移民和难民问题，等等，对于中国未来更加深入、持续和有效的创造性介入，加强与这个重要邻邦的多方面沟通与合作，有不错的参考价值。看罢此书，笔者的一个感触是，我们既有的成功实践，仅仅是一个开端，大量艰难而微妙的挑战在等待着中国外交官和有关部门。

种缓和与妥协。特使越多，中国的角色会更活跃和富有建设性。①

案例2　帮助苏丹

上面的事例，引发出对特使作用的讨论。现在笔者来讲另一个引人注目的中国特使故事，另一类绩效显著的中国外交"创造性介入"，即近十年间中国对于北部非洲国家——苏丹——的帮助。

众所周知，苏丹在最近的十几年间好似国际社会的"弃儿"，一直饱受各种批判和制裁；而中国恰好在这段时期介入陷于困境的北部非洲，帮助这个国家利用自然资源实现经济发展和民生改善，同时在外交上帮助苏丹政府解脱国际困境、努力回归国际大家庭。这里面包含复杂多样的因素和曲折漫长的历史，不可能在本书有限的篇幅里细细讨论。在此我只想指出最紧要的几点事实和趋势，供读者理解事态原委和中国"创造性介入"的背景。

---

① 中国目前已在数个领域和多个国际地点派遣有定期和不定期的特使、专门代表和专门机构，如非洲事务特别代表、中东问题特使、气候变化问题谈判特别代表、驻东盟大使、驻世贸组织大使、朝核问题办公室，等等。当这个群体的数量由个位数增加到十位数甚至更多数目时，世人就有了一个更直观、更简明的衡量中国大国外交"创造性介入"之广度强度的尺度。

在非洲这个曾经面积最大、石油资源也十分丰富的国家①，由于历史和现实的复杂成因（包括西方殖民主义的遗产），各种政治力量和它们代表的各个部族之间，在水资源的分配、宗教问题的处理和政治位置的安排等问题上，曾长期对立不和甚至兵戎相见，出现了大规模的战乱和残杀事件，民不聊生、逃难求生的景象一度惨不忍睹，因而受到国际上广泛的抨击和制裁。20世纪90年代后期以来，正是中国的经济援助，使困境中的苏丹逐渐恢复了发展势头、改善了民生，成为非洲最有活力的经济体之一。正如有关资料显示的那样②，从1995年始，在最近的十几年间，中国石油公司应苏丹政府的邀请，在中国外交部门的大力协助下，到这个自然资源相当丰厚、工业基础却十分薄弱的国家，参与石油开发和相关工业建设。今天，苏丹拥有了从石油勘探到钻井，

---

① 苏丹人口近4000万，面积250万平方公里，在2011年初南北分立之前，曾是非洲面积最大的国家。关于这个国家的石油储量，各方面有不同说法，最高的估计是1800亿桶，仅次于沙特阿拉伯而居世界第二位（参见2011年2月9日《南方都市报》的专题报道），保守估计也在百亿桶上下。苏丹南部在2011年1月公投之后决定独立，拥有800多万人口和65万平方公里面积的南苏丹国，是非洲也是世界上最年轻的国家。

② 王立强．《苏丹奇迹与中国"话语权"》，《观察与交流》2008年第17期。

从原油开采到加工，直到石化产品生产的一整套石油工业体系，不论是航空煤油还是汽油、柴油，苏丹全部都可以生产。苏丹的石油制成品不但可以满足本国的所有需求，还有部分用于出口。作为石化工业的副产品，塑料产品制造业正在苏丹迅猛发展。在十年之内，苏丹从一个几乎没有任何现代工业的贫穷国家，成长为一个工业迅猛发展的发展中国家。近年来，它的年经济增长率超过8%，高居北非六国之首。受到中国—苏丹合作模式的吸引，非洲另外几个自然资源雄厚却缺乏资金和技术的国家，也向中国提出了共同开发的类似请求。再如，中国有关公司和部门，同样在外交部门的协助下，承包了苏丹的若干重大水利水电工程项目，取得了良好成效。例如，由中国水利水电建设集团公司等单位联合承建的

麦洛维大坝鸟瞰
资料来源：http://www.zswj.com/overseas/article.asp?id=53&m_id=7261。

苏丹麦洛维大坝，是尼罗河干流第二大水电项目，也是世界上最长的大坝，它于2003年动工，2009年竣工，装机容量达125万千瓦，相当于苏丹全国现

有装机容量的两倍以上，它的启用大大降低了苏丹的民用和工业用电费用，而它的上游水库库容达124万立方米，灌溉面积达100多万亩，惠及400多万苏丹人民。中国公司在苏丹签署的其他民生合作项目，充分利用了苏丹的资源和中国的技术，如雨水收集项目、道路修建项目、大型设备采购项目等等，实现了互利共赢的目标。

尤其需要指出的是，除了"牵线搭桥"和领事保护事宜外，我国外交部门在帮助苏丹政府解脱外交困境、回归国际大家庭方面做了大量努力；尤其是，中国政府近年来专门设置了"中国政府达尔富尔问题特别代表"（后改称"中国政府非洲事务特别代表"），由曾经担任中国驻南非大使和外交部非洲司司长的刘贵今大使出任。如果说苏丹达尔富尔问题是影响这个国家外部形象和国际合作的主要障碍的话[1]，中国对于解决这个难题起到

---

[1] "达尔富尔问题"，是指苏丹达尔富尔地区的民族部落矛盾和石油资源分配所产生的派别冲突和血腥战乱以及人道主义危机，以及广义上围绕这些问题所出现的地缘政治和国际争端。2003年前后，各种矛盾和冲突达到最高点，导致这一地区出现大批平民死伤和战争难民，引发了周边地区的严重动荡和国际上的高度关注。随后联合国安理会以及欧美一些国家卷入达尔富尔事务，与苏丹政府、非洲联盟及苏丹邻国之间形成复杂微妙的博弈过程，在追究战争和种族残杀的责任等问题上出现严重分歧和不同方案，争端至今没有得到根本解决。

了建设性的作用，中国政府代表（特使）刘贵今大使个人功不可没。中国代表不止在主要矛盾方——苏丹和美国——之间扮演着传话者的角色，更在说服苏丹政府接受联合国解决办法（所谓"安南第三阶段方案"）、接触苏丹国内各派政治力量代表乃至包括州长和有关各县代表、游说西方主要大国放弃制裁方案等诸多方面，做了大量的台前和幕后工作。可以说，中国特使这方面的艰苦与成效丝毫不亚于基辛格当年在中东和平进程中的"穿梭外交"。为落实联合国方面与苏丹政府达成的协议，打消有关方面的顾虑，中方还向达尔富尔地区派遣了三百多人的工兵部队，这也是中国在联合国维持和平行动中派出的第一支部队。此外，为缓解达尔富尔地区的人道主义危机，中国向当地有关机构提供了大量的物质援助，向非盟在该地区执行监督停火任务的特派团提供了180万美元援助。在各种场合，刘贵今大使反复向国际上宣讲和传递中国的声音。从他的言行不难看出，中国外交有东方式智慧与特点，解决问题不是靠施压、制裁、禁运等西方列强的惯用手段，而是最大限度地挖掘外交的潜力，包括私底下反复耐心的工作，通过各种力量（哪怕是对立的势力）之间合作与谅解，缓和紧张事态、解决百姓的基本需求。

联合国就达尔富尔问题召开特别会议（2009年5月）
资料来源：http://qa.china-embassy.org/chn/zxxx/t565412.htm。

显然，中国外交在苏丹的"创造性介入"，取得了一举多得、事半功倍的成效：第一，在新时期新的条件下，巩固了与非洲国家的传统友谊，乃至在苏丹南北分家、南苏丹国建立这种特殊背景下，中国依然维系了与各方的良好合作关系，也保证了原先的各种合同及合作持续有效；第二，经济贸易和军事合作等领域收到良好的效益，不仅增加了国内急需的石油来源，更拓展了中国的海外市场和战略空间；第三，中国的发展道路和制造业专长，通过实践得到越来越多非洲国家的认可，对冲了西方列强所谓"中国新殖民主义"的负面宣传与抹黑企图；第四，中国外交人的"不树敌"、"讲合作"、"重耐心"、"善幕后"等优势，得到比较充分的发挥；第五，中国对达尔富尔问题的介入，也是第一次在亚洲之外的遥远大陆，面对国际重大难题发挥积极斡旋和建设性作用，作为一种学习与适应过程，获得了宝贵的经验与启示。这里面，创造性介质表现为中国外交对世界性难题的主动设法解决，实践中建立了一种综合统筹的、国内多部门的默契：外交好比雷区前面的探测器，后面有经贸部门、企业公司和建设大军的跟进（充分利用了新时期快速成长的中国经济优势），金融机构对风险提供着担保，军事（维和部队和军事观察团）像是抵御威胁、安抚人心的坚实后盾，国家政治高层则在关键时刻起着指南针的作用。当然，也离不开与外界各方的交往与沟通，特别是与苏丹政府、各种政治派别及西方大国的巧妙周旋与灵活安排——它是外交人不可推卸的职责。

必须承认，达尔富尔问题的解决，是一个艰巨漫长的进程，前进路上存在着诸多的不确定因素。如何处理与南北两个苏丹的关系，是中国外交马上将面临的一个考验。坦率地说，能否保持过去十余年中苏关系的良好势头，能否保障已在这个国家投下的巨额投资及项目建设顺利推进，都有相当大的不可知性。在苏丹乃至在整个非洲大陆，中国外交到目前为止还只能担当"四两拨千斤"的杠杆，尚不具备老牌西方列强那样根深蒂固、广泛而强大的作用（连语言方面都有缺失——在非洲大陆，中文迄今依然很难与英文、法文等语种抗衡，有欧美留学背景的非洲领导人依然占据着主导地位）。美国作为超级大国对于达尔富尔问题的最终解决，包括巴希尔总统个人的国际命运（比如海牙国际法院是否撤销对他的通缉令），仍然有着其他大国和国际组织无法望其项背的影响力。中国虽已是国际上公认的第二大经济体，但真正能动用的外援资金相对有限（北欧和西欧一些国家能够把相当于整个国民收入0.7%左右的经费，用于国际发展援助和国际和平事业，而中国整体外援的比重不会达到GDP的0.7‰），约束了中国对外关系的布局能力。另外，从中国人在苏丹的活动不难见到，国内各单位之间的沟通与配合仍存在不少问题，前面提到的那种"默契"并不代表制度性的系统安排，有些问题超出了外交部门的权限和能力范围。这一切或多或少制约着中国外交"创造性介入"的成效。

案例3 傅莹方式

讲到中国外交的"创造性介入"，不能不提到傅莹大使的故事。现任中国外交部副部长的傅莹，可能是中外媒体曝光率最高、公众最感兴趣的中国外交官之一，也是国际上公认最会以柔性方式宣读政策的一位中国外交家。一些媒体甚至不吝赞美词汇,给她冠以"媒体宠儿"、"社交明星"、"最佳传播者"等封号。其实这些称谓与傅莹的本意和个性恰好相反,平时的她是一个低调温和、谦虚谨慎、不愿谈自己的人。当朋友聚会时,她属于多半时候在听别人说话而自己话很少的那一类。媒体和公众之所以对她有如此的报道与关注,就笔者的观察,主要是因为新时期的这位高级女性外交官每每在难题和困局面前,总有高超的应对智慧和出众的公关技巧(媒体常把她称为"危机大使"、"危机专家"①);而且,她的独特视角、细腻观察、真诚态度和优美文字,总能赢得对手(哪怕是有偏见者)的尊重。一篇被广泛转载的报道这样描述所谓的"傅莹方式":

> 我们常常费解:西方为什么误读中国?但中国何尝不在误读西方?因为很多时候我们都在各说各话。文化的鸿沟,语言的障碍,傅莹以她独特的方式告诉我们,没有什么不可以逾越。她从不咄咄逼人,也不照本宣科,有的只是前所未有的坦率,和风细雨的讲述,富有人情味的故事。在中国外交的舞台上,她优雅、

---

① 《中国第二位女副外长曾有"危机大使"美名》,《羊城晚报》2010年1月5日。

美丽、幽默、睿智,再硬的坚冰在她面前都可能融化成水。从某种程度上说,傅莹用她自己的方式向世界介绍中国本身,也是中国外交思路的一种变迁。换句话说,中国要想真正融入世界,"傅莹方式"就不应该被忽略。①

如同媒体介绍的那样,这位来自中国蒙古族的外交高官,既有东方女性的特征与智慧,又善于向国际社会表达中国声音。她经常强调,外交人要"早说话,多说话,说明白话";"不仅要讲究技巧,而且要有适合国际主流社会的思维习惯、语言习惯和表达习惯"。依笔者言,傅莹方式折射出新时期中国外交家对西方主流社会及舆论的一种创造性介入路径。

还是用事实说明问题。2008年4月间,由于一些国外媒体和公众对中国政府处理西藏地区"3·14事件"的做法产生误解,北京奥运火炬在境外的传递过程受到严重干扰,尤其西方国家更是一片抵制之声。在紧要关头,时任驻英国大使的傅莹不仅保持了与英国官方的接触、代表中国政府提出了保障火炬正常传递的各种要求,她更及时以一个母亲的身份发表了女儿的北京来信,在英

---

① 刘俊:《傅莹方式:最好的传播者》,《国际先驱导报》2010年1月31日。

国有影响的报纸《星期日电讯报》上刊登质疑文章《如果西方能够倾听中国》，向国外公众解释了中国普通百姓对举办奥运的渴望、付出的努力以及西藏地区的发展进步。这也是"3·14事件"后中国外交官在国际主流媒体上第一次发出中国声音。她告诉英国读者：

> 一个年轻朋友看了BBC对火炬伦敦传递的转播，他在给我的信中写到，此刻百感交集，有悲哀、愤怒，也有不解。像他一样，很多人可能从中领悟到，中国融入世界不是凭着一颗诚心就可以的，挡在中国与世界之间的这堵墙太厚重了。

傅莹大使在伦敦传递北京奥运会圣火火炬（2008年4月）
资料来源：http://gb.cri.cn/20864/2008/04/22/1985@2029563.htm。

类似有感染力、说服力的叙述在这篇文章里处处可见，它像是一篇极富个性、温和静雅的英文随笔，优美细腻又入情入理，与不明就里、简单粗暴的一边倒看法形成鲜明对照，文章发表后立即引起强烈反响，在铁板一块的西方舆论撬开了努力探寻真相、全面理解中国的缝隙。实际上，它并非这位经过国内外著名学府严格训练的中国外交官的初涉浑水；恰好相反，在国外主流媒体上发表看法，包括接受专访或直接写作，用个性化的语言、外国公众熟悉的表述，在质疑和审视的眼睛前面，以柔克刚、和风细雨地把中国的立场娓娓道来，正是傅莹所擅长的。据不完全统计，单是2008—2009年间，她就在英国媒体上发表了八篇文章，各种公开演讲和报纸的访问报道更是难计其数。早在此前担任中国驻澳大利亚大使之时，傅莹的这种风格已美誉远扬，那就是：与大多数中国外交官不同，傅大使特别善于同公众和媒体交往，对于刁钻甚至有挑衅性的问题从不回避，说得精致、答得漂亮。很多人记得，2005年6月，中国驻悉尼总领馆一秘陈用林在澳洲申请政治庇护，并诬称中国在澳大利亚安插了1000名间谍。在一次公开活动时，面对澳大利亚媒体群起而攻之的局面，傅莹大使心平气和、面带微笑地说："如果我要处理这么多的间谍业务，怎能有时间在这里与各位见面?"一语令谬论遁形。澳洲ABC广播网的某位记者印象最深的一件事情是,傅莹哪怕在最有挑战性的问题面前也从不用"无可奉告"的词句;在回答中国政府有关台湾问题的立场时,她精巧作答:"中国人不会容忍台湾独立,这就好比我们从祖先那里继承了一栋房子,咱俩是兄弟却都讨厌对方,常常彼此关着门,但我们不可能把屋顶拆了,而是不得不保存从祖先继承下来的东西。"①

澳大利亚华人华侨代表将写有"澳中友谊之星"的
横匾送与傅莹大使

资料来源:http://www.acpprc.org.au/schinese/jinqi/fyparty07.html。

在英国担任大使的几年,更是傅莹驻外生涯亮点迭出的时期。这位已是副部长级别的中国高级外交官,是伦敦最忙碌也最受欢迎的社交圈人士之一,公众讲座、

---

① 刘俊:《傅莹方式:最好的传播者》。

大学论坛、商界会面、媒体采访，处处能听到她轻声温柔却有说服力的中国声音。傅大使几乎没有间歇的安排和似乎精力无穷的探讨，让许多见多识广的英国人明白了自己对当代中国的无知，也见证了什么叫最优秀的沟通人和宣讲者：她总是用生动的故事、亲身的经历和感性的语言，用真诚的态度和善良的心，叙说当代中国的进步和复杂（包括存在的缺失和问题），提醒人们注意中国与世界关系不可避免的变动及重新认知这一关系的迫切。一位认真研究过傅莹的中国记者分析道：

> 站在外交的立场，她善用各种技巧传播中国，但以传播者视之，她只不过做了一个传播者的本分——讲故事，而不是说大道理。如果硬要说技巧，那就是她能将个人命运与国家兴衰紧密结合，运用比拟和剖析这些西方人习惯的表述方式，不生硬，不突兀，有高潮，有转折，引经据典，行云流水，娓娓道来，游刃有余。①

类似的优点在傅莹身上不胜枚举，看上去几乎成了她的标志甚至仿佛与生俱来的东西，实际上，这一切与

---

① 刘俊：《傅莹方式：最好的传播者》。

她的注意学习与用心准备密不可分，了解她的人都知道，傅莹是多么重视与社会的、非官方的交往，为此付出了多少心血与汗水（包括大量的阅读和写作）。不夸张地讲，她是一位真正从心底看重不同社会声音和价值的中国外交人，是一位努力跟踪信息时代走势的新时代外交家。

至此，傅莹方式的创造性介质已清晰可见：坚守国家立场却颇得外部舆论好感，深具东方品质又熟悉西方文化，不惧惊涛骇浪且善于"借船出海"，每每在危机时刻诉诸柔性方式，化冲突于谈笑中。"社交明星"、"媒体宠儿"或"最佳传播者"的称谓不过是表面的东西，傅莹实质上是中国外交官中最有社会活动能力的一位。傅莹方式当然不是外交的唯一渠道，甚至不是主要的做法，也非所有外交官能够和愿意像傅莹那样作为，中国外交体制下还有其他类型的优秀人物，有其独特的交往沟通方式，但至少我们可以认为，傅莹方式代表着新时期中国外交"创造性介入"的有效路径之一。在社会的世界日益重要并成为经济的世界和政治的世界之后第三种全球力量的时代，我们需要对类似方式给予更大激励和推广，以改进国际上有关中国政府和官员不喜NGO、不善与外国媒体交往的刻板形象。

THE X FACTOR FACTOR

IT was fun finding myself caught up in X Factor fever and reading about the "diplomatic row" involving my Embassy.

I learnt about the X Factor in the neighbourhood from embassy colleagues living nearby who complained about the noise made by the young fans outside the X Factor house.

My daughter emailed me wondering if she could fly in and join the screaming fans! I have to admit that I also enjoy watching the X Factor when there is time and have my favourite contestants.

I think it would be unfair to mention who my favourites are but I think all the acts have some great qualities.

For instance I am impressed by the Twins, John and Edward, for their determination and spirit in the face of a lot of criticism. It is not easy at their young age.

Stacey has been more and more brave and being well liked by the fans must have been a great encouragement for her.

Jamie's sincere and energetic voice and dance really get the crowd going. I think his hair makes him look unique.

Danyl and Olly are both great showmen while Lloyd and Joe have got a lot of potential.

Lucie, who is from a small village, has a lovely voice like the country she is from, and is clearly very popular.

They are all so very talented and it is going to be a very close competition and will be difficult for the judges, who are of impressively high quality.

It is no wonder they have so many dedicated fans following!

The fever surrounding the X Factor, reminds me of that surrounding a similar programme in China: called "Chao Girls". In 2005 Li Yuchun won with 3.53million votes sent through text messages, arguably becoming China's first TV star chosen directly by the people.

The "Kuai Girls" this year, held in 23 provinces, attracted 150,000 contestants and it became such a national obsession that 230million viewers watched the finals.

This kind of entertainment show, combining live performances and competition, appeals to young people in China as much as it does in the UK. However, in China, the contestants do not have the luxury of setting up "programme house" in a neighborhood or, if they did, it may be flooded with millions of fans.

The beauty of such shows is that they give young people a chance to realize their dreams. When I was young, the circumstance in China was different, I am glad my daughter's generation is lucky to have more opportunities in life thanks to the progress and prosperity that China today offers.

Good luck to the contestants of X Factor.

傅莹信件

资料来源：http：//likepark. com/html/xinwen/yinglun/2009/1111/6808. html。

案例4 战略对话

以上三个案例,均以中国外交家个人的事迹为切入点。然而,"创造性介入"的中国外交更为看重的,还是制度化的力量与引导。国际关系学门下的学习理论也告诉我们,学习与适应的过程,不仅发生在个人身上,它还可以是机构的学习、组织的调适和制度的改进。所以,在叙述了个人的案例之后,让我们把关注的重点转向中国外交制度近些年的一些成功实践,看看它们具备了什么样的创造性介质,如何应用至更大范围和领域。

首届中美战略对话(2005年)

资料来源:http://pic.people.com.cn/GB/42589/3582945.html。

中国外交部门近些年来精心设计和大力推广的大国间各种高层战略对话(简称"战略对话"),便是一种值得讨论和总结的"创造性介入"。众所周知,自20世纪90年代后期以来,中国着眼于国际形势的新变化及大国关系的重要性，积极倡导和推动建立了与一些大国之间多种形式的战略关系或全面伙伴关系，有战略对话性质的双边对话（尽管那时还没有冠以"战略对话"的名称）遂由此展开。这里面，比如说，有1996年中国俄罗斯元首会晤后逐渐形成的高层交往与对话机制（包括元首年度互访、议会领导人年度互访、总理定期会晤、国家安全磋商等），有1997年建立的中国法国战略对话关系。在新世纪的第一个十年里，这种战略对话在更大地域范围内普及，例如有中国和日本、印度、土耳其、巴西、南非、乌克兰等国建立的不同形式的高层对话机制和协商平台，涉及的范围几乎涵盖所有重大领域和问题，如反恐、维和、军控、防核扩散、能源安全、防务合作、地区安全、热点掌控、联合国改革等等议题，很多超出双边关系的范围，显示出大国的责任感与对彼此作用的看重。不过，最引人注目和卓有成效的，当属中国与美国之间建立的战略对话框架。这是世界上最大的新兴国家、第一人口大国和有独特发展道路及理念的社会主义国家，同当今世界唯一超级大国、国际制度的主要缔造者之间的全方位高层次战略对话，而且一开始就在中方的坚持下，这一对话被赋予了"战略"的名称及其典型含义，即超越功能性和具体操作层面的事务及分歧，把讨论重点牢牢锚定在宏观的、全局的、长远的、涉及根本利益的问题上。根据2004年胡锦涛主席会见美国总统布什时有关"加强两国战略对话"的提议，2005年8月1日，中国国务委员戴秉国和美国常务副国务卿佐利克代表各自政府，举行了第一次中美战略对话，就台海局势、军事互信、能源安全、民主与人权、中国的和平道路等问题进行了广泛深入的对话，从那时起逐步发展起两国高层涉及重大事务的一种专门磋商机制，并且发展出并行的高层经济战略对话。在经过数年的尝试之后，2009年7月，启动了一种新的高层战略对话机制——"中美战略与经济对话"，把原有的战略安全和经贸商务两大对话机制合二为一，搭起了领域范围更全面、统筹能力更强大、参加高官数量更多的大型战略磋商平台。每一次的中美战略对话，都有广泛而强烈的导向作用，都对双边关系和更大范围的国际关系产生了影响。

中国外交部门有意识引导方向、积极配合政治高层建立的这些战略对话，与以往外交渠道的磋商对话相比，有一些新的特点与发展趋势：首先，它把规划好于我有利的大国关系，视为统筹全局、维护机遇期的大战略布局的先手棋，尤其是视作维护和平与发展的国际格局持续向前的关键着力点。因此，在我有关部门的大国棋局里，不止有超级大国，有俄、日、德、印这样的全球性角色，也有不少新兴大国和地区强国。这是使中国影响持续上升、确定动态而均衡的国际格局的一步高招。其次，顾名思义，所谓"战略对话"，主要是与重要国家讨论大事和趋势，而不是面面俱到、事无巨细地解决部门案子，从而保证国家领导人和对外关系始终有正确的方向感，不被一时一事的波折和变动所干扰。仔细查验中国与各大国战略对话后发表的外交公报或各种文本，不难看出这种识大体、算大账的战略思维。再次，中国外交首长在各种场合多次指出，战略对话不求消除分歧，不指望马上解决具体问题，而要谈一些看似比较"虚"、实则关乎对话双方根本利害的议题，加深对彼此重大关切的认识。例如，从各种渠道人们获知，中美近几年的高层战略对话，多次、反复、深入、细致地探讨了"中国坚持走和平发展道路"的议题，对其哲学理念、现实根据、存在的机遇和挑战、认知上的主要分歧等等，做了前所未有的充分意见交换。事实证明，这种战略性议题与深谋远虑，对于稳定这两个重要国家的走向，尤其是在困难时刻保持正确的航道，具有难以估量的巨大价值。最后，战略对话也对本国民众和舆论起到积极引导、安定人心的作用。从近年中美关系的轨迹可以见证，每年一到两次的高层战略对话,总是在需要的时刻出现,对于某些处在危急状态的棘手事务,对于两国百姓的一些焦虑看法和大众媒体的一些热门话题,潜移默化地起到了"纠偏"或"降温"的作用,有效防止了极端民族主义情绪的蔓延。笔者本人不止一次地听到,日本和韩国的外交官及研究者用羡慕赞赏、不无忌妒的口吻,对中国外交部门作为推手的大国战略对话框架做出高度评价。许多人认为,中国与美国的高层战略对话议题,介入了传统上只有同盟国(美日、美韩等)之间才会涉及的领地,在看似有对抗性的两个大国之间建立起不可思议的复杂协调关系。

第五次中美战略经济对话(2008年)

资料来源:http://www.gov.cn/gzdt/2008-12/05/content_1169312.htm.

谈到这里,"战略对话"的创造性介质已依稀可见:中国外交推动和引导的这种大国对话框架,不是日常案子的事务级的磋商,不是盟友之间的亲密交流,不是中小国家之间的事务协商,不是你死我活的两个大国之间的末日陈述,而是事关重大态势和中长期趋势的意见交换,是不同社会制度、意识形态和外交立场的重要国家之间的"务虚"坦言,是关系到地区和全球稳定的大国步骤,是寻求相向而行、和而不同共存之道的努力。这确实是以往的世界史和国际政治交往实践鲜见的东西,既是中国外交保障战略机遇期的一种创造,又是对西方主导的当代国际秩序的一种"温柔却有力"的介入。

自然,像任何国际安排和外交努力一样,"战略对话"没有、也不可能适合所有场景,解决一切难题。它同样有自己的局限性。比方说,中国与有的国家建立的战略对话,在对方出现高层政治变动之后,面临改弦更张甚至无疾而终的可能;"战略对话"对对话者的要求很高,不同对话者的战略视野和战略意识大相径庭,这样难免出现同样的战略对话层次和框架(乃至相同的议题),却有不同对话效果的情形;最后,就中国而言,至少在笔者有限的知识里和公开查阅的资料中,对于过去十余年我们积极引导、行之有效的各种大国战略对话,迄今为止尚未做过（公开发布）任何权威性的、系统全面的审视评估。这不能不说是一个缺失与遗憾，是一个需要改进的地方。从知识社会学的意义上说，没有批评就没有进步；缺乏讨论与争鸣，意味着哪怕美好的事物，仍然只是少数人的创造，而非社会性的努力。作为一名中国外交的研究者，我尤其期待见到这方面的改进。

案例5　借力东盟

第 16 届东盟峰会开幕（2010 年 4 月）

资料来源：http://pic.cnr.cn/gjfy/201004/t20100416_506296840.html。

中国自 20 世纪 90 年代中后期以来，在与东南亚国家联盟（以下简称"东盟"）建立新型关系上实施的一系列重大方针和战略步骤，是本书所指中国外交"创造性介入"的另一种类型。与前面个体性的案例或单个国家的案例不太一样,东盟区域的案例有其独特的性质,对于中国外交未来在世界不同地区和次区域发挥更大作用,有触类旁通之用:这是一个由大小不等的十个国家组成的次区域国家联盟,近半个世纪以来一直在东南亚的军事、安全、经济、贸易、文化合作交往中发挥作用,人们有理由相信未来这种作用将持续下去。而且,东盟属于东方文明的重要组成部分和传承区域,东盟各国在不同方向和领域倡导和推行的一些东西,与中国的政治文化、外交目标和国际事务立场或有相似性,或值得我们借鉴,如新加坡领导人倡导的"亚洲价值"(Asian Values),马来西亚长期追求的"亚洲方式"(Asian way),东盟丰富的多边主义思想和实践,这个组织从传统军事安全的重心逐渐转向综合安全、合作安全及非传统安全合作的过程(甚至其外交平衡术等技巧),等等。对于中国而言,东盟是加大地区性公共产品投入、确定对周边的引导力、迈向全球高地的一种必要台阶和一次锻炼机会。也许更紧要的在于,中国与东盟在不远的从前有过一段不愉快的历史,至今仍然存在各种分歧与障碍;因此,中国外交能否有效介入这一区域,主动设计和推动建构求同存异、趋利避害的新关系,可视为一大考验。纵观过去十几年间中国外交部门对与东盟关系的考量与设计，思索冷战结束这段时间中国与东盟关系的长足跃进，评估带有战略意味的某些"棋局"和"棋子"，可以说，中国外交在处理东盟问题上确有一定的"创造性介入"，值得肯定和总结。

冷战结束的这二十年，也即中国—东盟关系大发展的这些年，中国外交在促进与东盟关系上，主要有三大"抓手"，即以全新的安全观念与措施，抚慰存有疑虑的国家；在金融危机的关键时刻施以援手，增进各国对中国的好感；通过深度的经贸自由化、一体化，带动中国东盟的共生利益。这些当然离不开国内各个方面如军方、商务部和地方政府等等的配合，但外交部无疑扮演了设计和统筹的角色。

先看新安全观的推动作用。上面提过，东盟这些年来一直在努力转型，即从旧式的针对共产党国家（主要是苏联和中国）的东南亚军事同盟，朝着这一地区综合治理的国家间机制的方向调整，逐步成为一个兼顾集体安全、经济合作、政治和外交协调的组织。瞄准并与这一转型对接，中国在两极格局结束之后不久，也即20世纪90年代中期前后，主动向东盟国家提出了互信互利、

平等合作的新安全观。① 东盟遂成为中国最早提出新安

---

① 根据新华社1996年7月23日报道，时任国务院副总理兼外长钱其琛，在雅加达举行的第三届东盟地区论坛会议上发表讲话说，亚太地区已步入一个持久的和平发展时期。他认为，亚太地区实现持久的和平与发展主要有四个方面的因素：第一，亚太地区尤其是东亚经济蓬勃发展，各国均将发展经济作为首要任务，维护有利于经济发展的和平环境已成为本地区各国最大的共同利益；第二，区域内经济联系大大加强，国与国之间的相互联系与依存不断加深，为地区安全提供了坚实的经济基础；第三，本地区冷战式的集团对抗和地区冲突不复存在，各国之间的协调与合作日益成为主流；第四，本地区旧有的和新出现的问题基本上控制在一定范围内，对话和谈判已成为处理国家间争端的主要手段。钱其琛表示相信，上述这些因素将长期起作用，亚太地区的和平与稳定是可以长久保持的。"我们主张，通过对话与协商，增进相互了解和彼此信任；通过扩大和深化经济交往与合作，共同参与和密切合作，促进地区安全，巩固政治安全。"中国作为亚太的一员，对本地区安全环境高度重视、十分关注，始终致力于发展与各国的对话与合作。中国十几年来经济高速健康发展得益于稳定安宁的地区环境，同时，中国的经济发展和繁荣也为促进本地区稳定与繁荣做出了贡献。发展经济、提高人民生活水平将是中国面临的持久课题，中国将继续积极致力于本地区的和平与发展，履行作为一个大国的责任和义务。中国经济的发展不构成对任何国家的威胁。钱其琛还提议，论坛开展军转民方面的对话，并适时开始探讨综合安全方面的合作问题。这篇讲话涉及"信任"、"合作"、"地区安全"、"综合安全"等术语，明确表示通过"军转民"来"探讨综合安全方面的合作问题"，是中国新安全观最早的表述。后来，在中国国家主席江泽民1997年4月在俄罗斯联邦杜马的演说和1999年3月在日内瓦裁军谈判会议上发表的讲话中，更明确将中国倡导的"新安全观"的核心内涵，概括为"互信、互利、平等、合作"八个字。中国外交部门与东盟安全对话的创意，直接转化为中国新时期对外关系的一个重要准则。

全观的一个区域，成为中国把新世纪集体安全和合作安全的重要思想推向国际社会的一个窗口。在冷战结束的近二十年间，双方互信经历了"消除顾虑"、"开展对话"、"睦邻互信"、"战略伙伴"的依次递进的历程。中国作为域外国家率先加入《东南亚友好合作条约》，并与东盟制订了推进战略伙伴关系的行动计划，包括中国外交部门有关非传统安全问题的国际协商与协调，也起因于与东盟同行的安全对话。① 正是在这一过程中，东盟各国渐渐了解了与"文化大革命"时代极"左"路线指导下完全不同的当代中国及其外交方针，缓解了以往关于中国输出革命、支援当地游击队、鼓动华人华侨推翻政府的印象，一步一步地与中国建立起政治对话与安全合作关系。

其次，众所周知，在1997年东南亚一些国家（如泰国、印尼）遭受严重金融危机之际，中国对受危机打击的东盟各国给予了极大的支持，不仅给予某些国家直接

---

① 2003年11月中旬，中国外交部分管非传统安全问题的国际司，为准备与东盟伙伴的相关对话，在国内最早制订了我国处理多边领域非传统安全问题的专门议题，为此召开了政府各部门及研究单位的协调会议。当时中国外交部门提出的供国际多边合作的非传统安全问题主要包括：洗钱问题、海盗问题、极端贫困问题、难民与移民问题、艾滋病问题以及环境安全问题。

的财政和贷款援助，而且顶住巨大压力、坚持人民币不贬值，确保人民币汇率的稳定，帮助东盟国家最终克服了金融危机。中国在这场危机中表现出的负责任邻国的风范，赢得东盟各国的普遍好评，也使后者与中国的经贸关系迅速扩大和提升。再次，在新世纪的头一个十年里，中国凭借自身经济实力的迅速增强和对外贸易投资能力的大幅提升，把东盟这个包含十个国家和雄厚自然资源、有着众多的华人华侨华资、经贸方式与中国容易对接的邻近区域，作为建立第一个对外自由贸易区（FTA）的对象。2001年启动、2010年建成的中国—东盟自由贸易区，涵盖18亿人口，GDP接近6万亿美元，贸易额达4.5万亿美元，是世界上由发展中国家组成的最大自贸区。这中间，中国外交部门积极推动和协助国内相关部门和地方政府，在降低关税、建立争端解决机制、签署投资协议、实现行业对接、举办各种展览会和贸易洽谈会等方面，做了卓有成效的大量工作。中国外交部门还邀请东盟十国外长考察建设中的"昆明—曼谷公路"，首次在中国举办中国东盟外长会议。2010年中国东盟贸易额近3000亿美元，东盟成为中国第四大贸易伙伴，中国成了东盟第一大贸易伙伴。至此，"借力东盟"的含义呼之欲出：不难看到，凭借三大杠杆，东盟对中国的历史余悸几乎烟消云散；中方所推动的"中国—东盟战略伙伴关系"，在美国曾拥有绝对的军事主导性、日本有极大的贸易和投资影响力的东南亚一带，建立起于我有利、对东盟和整个亚洲亦有好处的新现实。总之，中国的成长和国际化进程，从东南方向观察，有效借力了与东盟的关系；中国外交的"创造性介入"收到了良好成效。

第13次中国与东盟领导人会议（2010年10月）
资料来源：http://www.fmprc.gov.cn/chn/pds/wjb/zzjg/yzs/dqzz/dmldrhy/xgxw/t765330.htm。

不能不看到，中国与东盟关系仍然存在一些问题，"创造性介入"并不是已经完成的过程。主要挑战之一是中国壮大之后东南亚国家所产生的新顾虑，它们担忧中国会与美国在军事领域争霸，造成对中小国家的不利影响。另一个挑战是中国与东盟一些国家之间历史遗留的各式海洋纠纷，分别涉及中国与越南、菲律宾、马来西亚、文莱和印尼五个国家在南中国海一些岛屿及其附近水域的主权争端。据笔者观察，域外不少国家更加倾向东盟的立场，主张多边谈判解决或缓解，而中国比较希望"一对一"地讨论问题，避免集体对我施压的现象出现。第三点麻烦来自中国—东盟自由贸易区建立之后出现的一些新情况和新问题，比如中国的制造业对东南亚某些国家的同类产业带来的现实的或潜在的冲击（包括对失业率上升的担心）。如果处理不好，这里面的每一个难题都有可能降低中国外交的既往成效；但反过来，它们都有"危"中之"机"，给中国外交新的"创造性介入"提供后续的入口。① 既然是面对一个地区性的整体，我们也应当有整体的应对之策。

---

① 东盟虽然与中国建立了自贸区，一些国家和专家内心中仍然存在疑虑，担心中国的整体规模压倒东盟这些中小国家，导致更多人失业、市场份额流失等不良后果。针对这种看似有一定道理的担忧，中国一些专家和职能部门也在想方设法增信释疑。例如，中国国际贸易促进会负责与东盟经贸事务的许宁宁先生，近期特别提出了"行业对接"策略。他在与东盟有关行业领导人的接触交流中反复强调，在这一思路下，可以形成中国与东盟各国间的多重产业行业的复合链条，具有互利共赢的好处与可行性。一段时间以来的实践证明，"行业对接"策略确实帮助东盟一些国家的有关领域和产业，在与中国的交往与合作中，提升了效益与水平，避免了"大吃小"、"强压弱"的传统逻辑。这对中国外交的"创造性介入"有启发作用。

案例6 运筹台海

仅仅数年之前,国内外还广泛存在着一种担忧,即中国内地和台湾之间,因为"统"与"独"的争执最终无法妥协,特别是由于台湾岛内极端势力的恶意挑衅,会导致两岸近半个世纪的第一次重大军事冲突;这场冲突不仅可能彻底毁灭台湾,也可能严重阻碍中国内地的发展势头,同时把美国甚至日本的军事机器卷入进来,导致东亚地区出现自第二次世界大战结束之后最剧烈的战争对抗。而今,大概全世界没有什么人会相信两岸之间在近期会发生大规模军事冲突,周边国家对"台独"引发中国动武的担心基本烟消云散;相反,两岸间的贸易额和人员往来量的增长均在整个东亚地区位居前列,曾经有过的军事对峙紧张局面大幅降温,"和平与发展"越来越成为一种得人心、难撼动的趋势,不仅两岸人民从中受益,国际上对于新态势也有更多好评。

是什么引起如此巨变?原因自然是多方面的,这里只从外交和国际关系角度做些分析。在笔者看来,台湾问题及两岸关系尽管属于中国的内部事务,但它的的确确涉及非同寻常的外交和国际关系,涉及中国对外交往中强调的"核心利益",涉及一系列敏感复杂的战略谋划和大国博弈。这些方面遇到的难题，单纯依靠国台办、福建省等涉台系统和单位，是不可能有效处理的。事实上，从功能上判断，国台办并不具备（譬如说）对美对日交往的权限与能力，不可能在应对诸如美国对台军售、处置台湾的一些中美洲"邦交国"与我关系等问题上，拿出有国际视野与决断力的方案。而这恰恰是外交介入和发挥作用的一个机会，是考验外交智慧与手段高下的一个入口。由此衡量，在最近不到十年的时段，我们见证了中国当代外交史上值得一书的"创造性介入"，见证了把台海棋子在全球背景下中国崛起的大棋局中运筹帷幄的可喜进程。

依笔者管见，中国外交在台海问题上的"创造性介入"，主要体现为三大步骤——

第一步，拒绝依李登辉、陈水扁之流的挑衅采取行动，主动不再强调"统一时间表"，而是把人们的目光及心态引导向"和平发展的两岸关系"的建构上，从而为争取更大的国际支持和主动性奠定基础。人们都记得，20世纪90年代中后期至21世纪初的这段时期，先后担任台湾地区领导人的李登辉、陈水扁一改原先国民党"两蒋"的既定政策，大肆宣扬"台独"理念，频频发起挑衅，并且在美国和日本亲台势力的纵容默许下，四处拓展国际空间,千方百计挖中国政府的外交墙角。李登辉、陈水扁之流的挑衅诱发了我方的严厉反应,逼迫中国人民解放军抓紧备战,也导致国内政治高层提出"统一时间表"思想,体现在2000年国台办授权发表的《一个中国的原则与台湾问题》白皮书里,中国向全世界宣布的立场明确而强硬:"如果出现台湾被以任何名义从中国分割出去的重大事变,如果出现外国侵占台湾,如果台湾当局无限期地拒绝通过谈判和平解决两岸统一问题,中国政府只能被迫采取一切可能的断然措施、包括使用武力,来维护中国的主权和领土完整,完成中国的统一大业。"用台湾问题专家李家泉的话说,这是"设立了没有讲时间表的时间表"①。尽管这种表态事出有因、理据充分,但客观衡量,不能不说它属于一种被动的反应("撞击反射"),实际效果并不如意,对于拉近台湾民众对大陆的亲近感并没有太大作用。从胡锦涛出任党的总书记以来,情况发生了很大变化。新的对台政策被纳入中国的国际战略和全球棋局中加以统筹。新的对台宣示重点放在加强两岸的和平发展、促进民生和经贸往来上面。看似没有再提统一的时间概念,实际上新的战略是

---

① 参见中国新闻社2000年2月27日电讯稿:《台湾问题专家谈统一进程时间表》。

以退为进、以守为攻,以比较温和、有亲和力的态度,柔性地阻断了"台独"势力扩张的步伐。在这一过程中,解放军的实际能力和威慑力量并没有停止发展,但更多显示在台面上的是以和促统、以通促亲、以经贸带动政治和解的内容。减轻台湾百姓的疑惑,增加他们的实际利益,揭示两岸接近的好处——这是更加高明的防"独"措施,实际效果也更加明显。

与第一步相应的第二步,是有条件地引入"美国因素",用其利,避其害,使之总体上有利于营造于我有利的国际氛围,有利于降低两岸的军事对峙局面。实在说,打"美国牌"是有风险的,打不好可能造成得不偿失的结局;像世人见到的那样,超级大国总有自己的如意算盘,常常迫使别的国家不得不按照它的节奏行事。但是,最近这些年,中国高层领导从全局衡量,大胆出击、勇于出手,主动与美方沟通我在台湾问题上的基本原则、重大考虑和最坏打算,向对方晓以利害和"反介入"的底线,取得了一些积极成果。最重要的成果之一,在笔者看来,是把陈水扁之类的激进"台独"势力列入了美国的"黑名单";也就是说,让美国更加充分地意识到台湾问题的敏感性,意识到中国军队和政治领导为捍卫祖国统一准备做出的牺牲,意识到台湾岛在中国整体版图上的独特分量，也意识到"台独"的挑衅可能给美国国家利益造成的损害。让美国人知晓这些东西，并且事实上让美国人对激进的"台独"势力加以约束，也算是一种把台湾问题的"国际化"，但这种"国际化"和借用，是与中国的总体战略相配套和相适应的，在对台事务的处置上开辟了于我总体利大于弊的新局。连中美洲国家中与台湾有"邦交"的那些国家，也多少视美国的态度而有所转变，减少了帮助台湾确定"主权国家"地位的努力。不过，美国的介入毕竟是一把"双刃剑"，有时好坏得失难辨。例如，美国的对台军售也是美国在更加了解中国的战略意图后所不会放弃的一大筹码，是对我形成重大威胁的一招；而且，越是通过战略对话熟悉了中国人的"台湾话语"，美国决策层越是不会轻易改变制衡的这一手段。单从这一点上看，批评把美国因素引入台湾问题的解决框架的那些人，不是没有一点道理。这也许是大博弈中不可回避的一招风险棋，但它至少比单纯的应对步骤更有先手价值和发掘潜力。

第三步，是紧随全球经济的步伐，以经贸带动和平，通过积极的"三通"政策，削弱"台独"势力的根基，用反对挑衅的方式促进两岸的积极和平。2010年6月29日，海协会与海基会在重庆签署《海峡两岸经济合作框架协议》(ECFA),不仅为两岸产业发展和民生带来新契机,更是大大加快了海峡双方走近合作的步伐。从国际关系和外交角度观察,台湾问题这样一个特殊的中国内政事务,也由此出现更大的和平曙光和对战争冲突的更加有力的抑制。在此过程中,中央高层及各界积极地做台湾岛内各种政治力量的工作,包括向立场温和的、有塑造潜质的民进党人士发出邀请,并把中国政府这种"聚同化异"(王毅语)的建设性、合作性态度,向国际社会广泛传递。这是中国政治领导层解决台湾问题大智慧和新思维的延续,是外交创造性介入台湾事务的直接体现。不难见到,王毅从外交部调任主持国台办之后,积极发挥"创造性介入"的专长,按照中央在新阶段的统一布置,想方设法为"台湾热点"的降温开辟新途径。下面举一个例子。以往国台办领导人对于日本亲台势力的干扰十分反感,但缺乏有效的应对办法,也从来没有中国政府涉台事务负责人访问日本的情景。而王毅利用他曾经的驻日大使身份及人脉,在担任国台办主任后主动

ECFA 签署(2010 年 6 月)
资料来源:http://www.huaxia.com/thpl/tbch/tbchwz/06/2472011.html。

访问日本，会见了日本的朝野各界要人，阐述了"对台湾没有政治谈判时间表"的重要观点，也得到日本高层比以往更加明确的"不支持台独行径"的承诺。① 从更加宽广的角度观察，最近这些年，随着上述创造性思维与实践的深化，在台湾问题这样一件事关中国崛起与地区稳定的大事上，中国的邻国和整个东亚周边区域有了更大的安定感与合作意愿，不知不觉中形势变得对中国政府的整合方针更加有利，对两岸民众的福祉更加有利，对中国的现代化更加有利，对国际社会更加有利，唯一变得不利的是岛内如李登辉、陈水扁之流的"台独"原教义派以及外部纵容这种势力的阴谋集团。

国台办主任王毅会见日本自民党总裁谷垣祯一
资料来源：http://gb.cri.cn/27824/2010/03/19/3245s2790479.htm。

必须承认，这里面仍存在相当多的变数，台湾问题的最终解决并不存在坦途。但我坚信，只要坚持最近这些年开创的方针，两岸关系会有更加美

---

① 《国台办主任王毅：对台湾没有政治谈判时间表》，http://news.stnn.cc/china/201003/t20100326_1294230.html。

好的前景,中国外交与国际战略来自台湾因素的阻碍与麻烦会逐步减少。"运筹台海"的此番博弈,最终将被历史证明是精彩的一局。

案例 7 朝核机制

中国在解决朝鲜核问题的立场及帮助,可以视为"创造性介入"的又一事例。

众所周知,朝核问题有很长的历史,差不多可以追溯到半个世纪之前,即 20 世纪 50 年代后期。其时朝鲜在苏联的帮助下开始核技术的研究,建立了宁边原子能研究基地,引进核反应堆,培养核技术专家。真正的朝核危机始于 20 世纪 90 年代初。当时,美国根据卫星资料,怀疑朝鲜利用其核反应堆的废燃料棒,提取可制造核武器的原料钚并进而研制核武器,扬言要对朝鲜的核设施实行检查。朝鲜则宣布无意也无力开发核武器,同时指责美国在韩国部署核武器威胁它的安全。双方的争吵一度发展到以武力相互威胁的地步。朝鲜半岛核危机由此萌生。在那之后,朝美双方的对峙与摩擦持续了好几个回合,麻烦在不断增多,威胁也不断升级——从对核技术水平的认定分歧到对核弹头数量的不同说法,从补偿数额及方式的差异到核查方式与准则的分歧,从单纯的核问题到复杂的外交承认问题，从和平对话的停滞到"军事选择"威胁的发出，从朝美双方围绕核问题的紧张对峙到东北亚各国乃至国际社会的担忧与不同程度的卷入等。总之，冷战结束之后，朝核问题逐渐成为朝鲜半岛最突出的矛盾之一，也是威胁地区持久和平与稳定的最大障碍之一，是影响中国国内长期发展与国际地位形象的主要挑战之一。

冷战结束之后，中国开始调整自己的朝鲜半岛政策。以1992年正式与韩国建立外交关系为重要标志，中国逐渐朝着客观中立处理半岛事务、超越冷战时代的方向迈开步子。在朝核问题上发挥积极斡旋的建设性作用，是中国上述新方针的自然延续，也是新世纪新形势下的重大战略性、创造性介入举措。从2003年开始，中国先是举办有朝鲜、美国、中国参加的三方会议，继而作为东道主承办包括上述三国加上韩国、日本和俄罗斯参加的六国会议，迄今为止在近八年时间内已举办了多轮多方会谈，形成了一种被广泛称为"六方会谈"的朝核问题解决机制。这是一个建在中国的国际防核扩散平台，是中国第一次主动介入和大力推进的地区多边安全机制。不管这中间多么曲折，公平地讲，没有任何其他的方式能够代替它的作用，六方会谈机制最终将被历史证明其不可或缺性。在新世纪的头十年间，中国外交部门根据中央部署，殚精竭虑、全力以赴，做出一系列重要设计和具体安排，使六方会谈机制得到各方认可，成为解决朝鲜核问题之国际公认的主要方式。六方会谈机制是灵活多样的：它下面不止有六国代表团团长的全体会晤，更有多个会边会、双边会、三边会；会上会下既谈核问题的解决方法，也涉及东亚地区内部历史遗留的其他难题；会议既有共同文件或共同宣言，也有主席声明和各自宣示；它的时长也是灵活的，看似漫长的进程实则散而不断，常常看似脱离轨道的列车每每总是要回归到正途，人们发现它并不完美，但离开它还真不行。依笔者观察，这一机制主要的成功之处在于：首先，它成功地阻止了外部某些强硬势力以武力解决问题的企图，把世人的注意力始终聚焦在和平与谈判方式上；其次，它部分有效地减缓了朝鲜方面发展核能力尤其是核武装备的速度，使之日益清楚地意识到一意孤行的巨大代价；第三，通过反复的磨合，中国外交的目标得到清晰彰显，即朝鲜半岛应当朝着无核化方向迈进，而实现的路径必须是通过和平的、对话的方式，而不能依靠武力的甚至是战争的手段。它也在一定程度上彰显出中国作为负责任大国的实力、谋略与潜能，体现出中国对于周边安全的高度敏感与维护自身利益的坚忍不拔。可以这样判断：只要保持六方会谈这个平台，不让任何一方鲁莽寻衅、弄巧成拙，时间越长对中国就越有利；也就是说，美国的传统主宰力将逐渐式微，而中国作为近邻大国的影响力则相应上升。历史地看，朝核问题六方会谈这种特殊机制，或许成为中国在东北亚地区建立中国引导的安全共同体的前期准备，它也可能成为中国在周边地区逐步确立自己的战略疆域的一个示范样板。

第六轮六方会谈（2007年9月）

资料来源：http://news.xinhuanet.com/newscenter/2007—10/03/content_6829064.htm。

必须承认，这一机制也存在诸多不稳定因素。最大的不确定性在于，它只是提供了一种对话渠道，依靠各国的自愿合作，而无法强制执行某种措施；它也不能掌控朝鲜与美国之间的对抗与和解态势，后者经常由于各自国内的政治原因而发生令人猝不及防的突变。在过去的这八年，批评者不无道理地指出，比如，尽管召开了多轮会谈，朝鲜方面的核技术一直在提升，核爆炸也搞了好几次（而且不时威胁说要继续做核试验）；而美国方面也始终没有实现当初的某些承诺，在外交承认朝鲜、补偿弃核损失等方面，无法让朝鲜彻底下决心放弃作为威慑手段的核研发进程。中国作为一个重要国家，必须对于损害六方会谈根本目标的可能性有所防范，而迄今为止这方面的手段明显不足。今后，随着中国综合实力的增长和外交力的增强，我们可以考虑六方会谈采取新的措施，加强对相关国家的约束力，使之明显感受跟进中国倡议的好处或代价，让它们认识到：中国不仅不会为它们不负责任的行为"买单"，而且要让它们为之付出必要的代价。比如，当美国不听中国劝阻硬要在黄海或朝鲜周边海域展开军事演习并恶化谈判气氛时，中国可以暂停六方会谈，或拒绝向美方通报与朝鲜方面沟通的情况，或阻止联合国安理会通过美国单方面推进的朝核议题（及决议案），或不与美方牵头的公海海域检查朝鲜可疑船只的任何行动配合。我们必须想清楚，若不辅之以有效的办法，缺乏奖惩分明的标准，中国主导的六方会谈机制可能会逐渐空心化，成为昙花一现的东西。在朝核问题上，"创造性介入"无法毕其功于一役，而是一个不断投入和更新的进程。

案例8 北非撤离

2011年2—3月间中国政府在北非国家利比亚展开的大规模撤离劳工行动，是中华人民共和国历史上最大规模的撤离海外中国公民行动，也是中国对外关系史上一次值得总结分析的"创造性介入"举措。在短短的十多天时间里，以确保中国在利比亚人员的生命安全作为撤离行动的最高准则，中国政府动用了一切可以运用的内外力量，先后共调派了91架次民航包机、12架次的军用运输机、5艘货轮、1艘军舰，租用了35架外航包机、11艘外籍邮轮、100余次客车，把滞留在利比亚的近36 000名中国公民安全、迅速地撤回国内。[①] 而在此前的一个多月，中国政府刚刚从突尼斯、埃及等发生骚乱的地点撤回一万多名同胞。北非大撤离有重要的意义，如同外交部门有关负责人指出的那样，这次大规模撤离中国海外劳工行动，书写了中国外交史上若干个"第

[①] 参见马利主编：《国家行动——利比亚大撤离》，人民日报出版社2011年版。

一":第一次采用了海陆空联动的撤离方式;第一次大规模动用民航客机并租用了外国邮轮和飞机;第一次采用将人员摆渡至第三国再撤回中国的方式;第一次使用了只有一张纸的中国公民应急旅行证件。① 从国际安全与外交领域观测,在这一过程中,也是中国军舰第一次穿越红海和苏伊士运河到达地中海,中国军队的海空力量第一次大规模地投入保护本国海外公民的行动,是中国军队、公安部、商务部门、民航局和各大航空公司、国有资产管理委员会和十几个大型中央级企业、交通部海上搜救中心以及外交部门等相关部委和企业第一次在海外公民保护问题上联合展示中国的"国家能力",也是中国媒体第一次广泛报道、中国公众第一次全面了解中国海外遇险事态与国家救险的全过程。涉及面之广,花费之大,接应之迅速,成效之显著,不只是中国历史上前所未有的,而且从世界各国的比较看,都充分显示出中国独有的良好国际关系、出色的外交斡旋能力、自身雄厚的财力物力和强大的组织动员能力。实际上,中国政府并非第一次采取撤离海外人员行动,只不过这次因为规模大、行动快,并与某些大国的迟缓形成鲜明对照而

---

① 《外交部:中国撤离在利比亚公民行动实现"四个第一"》,http://news.xinhuanet.com/2011-03/06/c_121154471.htm。

引起高度瞩目。略为回溯就不难得知,在最近的十几年间,中国政府组织的海外撤离中国公民或侨民的行动有十次左右,它们分别采用了包机、包船、包车等综合手段,从骚乱、动荡、战争、地震灾区的十余个国家,如所罗门、东帝汶、黎巴嫩、以色列、乍得、海地、泰国、吉尔吉斯斯坦、突尼斯、埃及、利比亚、日本,撤回大批中国驻外机构人员及其家属和旅居当地的华人华侨(包括一些滞留的台港澳人士)。作为一个标志性事件,它预示着,在新世纪第二个十年到来之际,中国海外利益的重要性凸显到新的重要分界点,中国政府和民众对于海外利益的重视达到新的高度,中国军事力量、商务力量和外交力量相关保护手段发展到新阶段的开始。

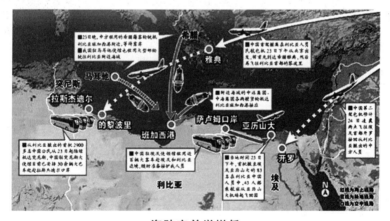

海陆空并举撤侨

资料来源:http://www.hbqnb.com/news/html/TopNews/2011/224/1122404747826255956.html。

此次北非撤离行动，有许多值得总结的经验。我想强调此番"创造性介入"体现的一个突出特点，即对时机的重视与把握。①像以往每次撤离行动一样，这次行动由外交部牵头，在中央有关会议结束后，外交部门立即充当了信息汇总与统筹调度的主要平台。根据外交部的统一部署，外交部领事保护中心成立了共38人组成的应急工作组，下设前方联络组、包机组、信息新闻组、电话值守组、后勤支持组等，昼夜值班、收集信息，协调各方力量，处理紧急情况。为抢时间，中国开通了临时国际航线，首飞利比亚首都的黎波里的国航机组，是在没有拿到途经国家（利比亚、马耳他、希腊等）批复飞越领空的许可的前提下起飞的；这就要求外交部门与有关国家紧急交涉，在一两天的时间内完成以往需要几个月甚至半年以上才能办妥的落地许可。外交部门的援助，使中国各航空公司超常规地完成了接收任务。在短短12天时间内，国航、东航、南航和海航四大航空公司共执行包机91趟，派出机组工作人员2200多人次，接回中国公民26 240人，占我国从利比亚撤离公民总数的

---

① 薄旭：《创纪录大撤离》，《世界知识》2011年第7期，第47—52页。

73.2%，总飞行时间2217个小时，飞行距离180万公里，相当于绕地球赤道45圈，创造了新中国成立以来动用飞机和人员数量、飞行距离、接运人员数量等多项纪录。鉴于中国一时间无法调集足够的客轮接运大量受困在利比亚班加西港的中国人员，中国政府决定租借希腊等国的大型客轮前往利比亚接人，外交部赴利比亚工作小组和驻当地使馆的工作人员（包括他们的家属）为此而与有关方面交涉，为撤离人员办理各种认证手续、食宿安排、行李安放、客车往返接送等。中国在极短时间内把18 000多人从海路撤离了利比亚（其中还有近2000名外籍人士），成为从海上撤离在利比亚人员的各国中最有成效的一个国家。在这一过程中，我驻希腊、埃及、土耳其、马耳他等国的使领馆，全力落实"迅速撤离、安全转运"的原则要求，与所在国外交部门专门交涉，均在极短时间内实现了特事特办，如简化入境手续、开放专用通道等，所创造出的"摆渡"模式，即精心选择交通便利、食宿充足、接待能力较强的地点，作为我方人员撤离和回国的中转站，发挥了有效作用。在人们津津乐道中国空军的"伊尔-76"运输机和中国海军的导弹护卫舰"徐州号"参与撤离的创举时，不能忘记，中国的军机须飞越六个时区和八个空中情报管制区,飞越阿拉伯海、红海和多个国家的领空,中国的军舰须跨越20个纬度,从亚丁湾到地中海,包括穿越航道拥堵的苏伊士运河,这些都需要繁琐的外交紧急交涉,需要中国外交官争分夺秒、与时间赛跑的劳作。① 看看此后不久利比亚国土上燃起的内战硝烟,看看多国战机对这个国家的狂轰滥炸,看看大量无辜平民百姓死伤的惨状,就可懂得中国及时撤离行动的惊险可贵。

"北非撤离"也提示了中国某些软肋的存在。首先,中国空军此次使用的是俄制运输机,而非中国公众期待已久的国产大飞机。这从一个侧面折射出中国军队"走出去"的局限性,即缺乏自己的远投装备。类似的例子还有航母、舰载作战飞机及一些关键设备。另外,由于撤退行动及时有效,中国军人并没有登陆和遭遇作战对

---

① 这里应特别提及中国军方的一项紧急策略。后来世人得知,不止有中国军机和军舰史无前例地参与此次北非撤离行动,而且,在中央军委授命下,总参有关部门迅速从北京和中国驻外使馆武官处集结了一批懂得阿拉伯语、英语和法语的中高级军官,奔赴利比亚和周边国家,协助外交部及在利中国企业完成大撤离任务。这批善于应对突发事件、军事素质过硬、国际知识与外语良好的中国军人,在混乱无序、人心惶惶、瞬息万变的北非特殊战场,起到了不可或缺的作用。参见《驻外武官眼中的利比亚大撤离行动》,《解放军报》2011年3月6日。

象,而只是在公海水域为撤离船只护航。假使形势需要,中国武装力量不得不在北非沙漠面对敌手时,国际法知识的匮乏和当地语言掌握的不足等,可能马上成为掣肘行动的问题。这方面,老牌西方强国有许多经验和优势,众所周知,美英法意等国的特种部队在利比亚战事前后已深入北非纵深地带,其强大的非本土作战、后勤和接应能力令新兴国家望尘莫及。其次,劳工虽然撤回来了,但项目损失却难以弥补。根据权威部门的发布,中国在利比亚承包的大型项目有50个,涉及合同金额188亿美元。① 假使分析潜在损失,利比亚作为中国位居前列的石油进口国及涉油领域重要合作伙伴,此番动荡造成的损害更是大到难以估量。中国在利比亚的情况并非个别。我国现在每年劳务输出近九十万劳工,每年对外投资近六百亿美元,其中多半与矿业、能源、运输、建筑、修路等有关。从分布地点看,很多对中国劳工与投资有强烈兴趣与需求的国家,既是自然资源和市场潜力近乎无限的好地方,也是政治不稳定和外交纠纷多的地带。中国尽管与不同类型的国家均保有良好关系,但作为一个越来越重要的投资方和能源需求国,其利益易受当事国

---

① 据2011年3月22日商务部例行记者会上发布的消息。

政局动荡和对外冲突的冲击。这次中东北非的动荡与外国干涉造成的局面，算是中国人接受的一堂切身和生动的风险教育课。以往中国商人和企业走出去，关心的只是能否赚钱，而很少意识到安全风险评估的重要性。很多公司由于缺乏这方面的意识，不把安全防护费用计入项目成本，甚至不给外派员工购买人身安全意外伤害保险，也很少进行境外安全和突发事件的教育及防护培训。就政府管理方式来看，在安全措施的提醒监督检查方面，在习俗和宗教信仰的事先解说和事后教育方面，在合同的签署和结算办法等方面，在大量劳务输出阶段的规范化管理方面，相关的建议、规定和制度性保障亦存在不少漏洞与缺失。这些暴露出中国"创造性介入"不得不长久面对的某些消极场景，是以有限外交资源应对无穷尽麻烦可能遇到的挑战，提醒外交人必须学习和改进的课程。

第三章　理论支持

分析了具体的案例之后,现在让我们看看,在目前的国内外学术界理论界里,存在哪些比较合理、适用、有针对性的学说或观点,有助于中国外交的新取向,支持中国的"创造性介入"。

学说 1　全球治理说

中国人口占了当今全球人口的五分之一,中国同时是联合国安理会的常任理事国中唯一来自发展中世界的国家,是长期奉行独立自主的外交政策、承诺走和平发展道路的社会主义大国。我们必须深刻认识一个道理,即中国发展起来之后,不论是否自觉,都将承担与中国实力相配的国际责任,中国的一举一动都会受到越来越大的重视;即便就狭义的安全与发展角度观察,中国国内持续的建设与变革,无法离开外部环境的相对稳定与和谐,"自家的安全与邻居的安全是不可分的"。从全球形势看,进入 21 世纪初期,所谓的全球化进程并不平顺,出现了日益增多的问题与麻烦,而传统的治理方式和欧美主导国也发生了严重的战略失误或制度乏力,需要适时加以调整、改革和完善,变革担子有相当部分不可避免地将落到以中国为突出代表的一批新兴大国肩上。

人们可以列举无数的事例证明上述论点：不管是全球贸易谈判还是全球气候谈判，无论裁军军控、核不扩散领域的挑战或是局部冲突及非传统安全的预防处置，直至联合国的改革、国际金融制度的改革和不同文明、宗教、发展模式之间的沟通。当中国刚刚走出内战和"文化大革命"阴影、处于较低发展水平时，例如改革开放初期的20世纪80年代，中国人没有太多的能力与可信度向世界提供解决方案，更多采取了"搭便车"的方式，追随国际社会的多数选择并利用已有的各种制度安排。那时的多数国家，在给予中国这样那样的帮助和建议的同时，也很少要求中国人做出有实质意义的国际决定。事实上，譬如说，二三十年前，世界上绝大多数地方还很少见到中国游客、劳工、留学生、大型企业或私人投资者的身影，很少见到带有中国印记的产品、货柜、订单或建筑物，而今这一切恰恰构成世界上多数国家和多数人进入新纪元时能够感受的最显著标识。中国仅仅用了短短二三十年时间，从一个十分封闭的大国，变成了人财物对外发散极迅猛的大经济体。存在便是力量，存在即有影响；日益增大的利益存在，要求并且促使中国人，对新的利益存在及与他者的互动关系，提供自己的明确看法与有力作用。这是一个清晰而有力的逻辑，不论用什么方式和语言说出来，折射出我们越来越没有理由忽略和排斥的简单道理。横向比较也不难察觉，其他新兴大国存在同样的动因和动作，只不过程度不同、表达方式不尽一样而已：印度在新世纪头十年在军事、技术和经济领域取得的成效，俨然一副赶超世界大国的派头，完全不似此前只在南亚争锋、一味纠缠于同巴基斯坦恩恩怨怨的态势；俄罗斯从苏联高位跌落，历经一代人的磨难，现在虽没有当年与美国争霸的实力，却始终保持抗衡西方、强势运作的外交风格与战略意识，在国际关系中常有独到意见和惊人之举；巴西、南非、土耳其等非西方的地区强国，从各自所在区域及国情出发，都有参与全球治理新阶段的强烈欲望和大手笔。它们共同体现出全球国际关系在世纪之交的一个深刻转型，即在经历了几百年的西方主导阶段之后，代表更大地域和世界人口的一批非西方新兴大国，开始逐步加入创造全球文明、影响人类进步的行列。这是一种新的民族自觉与国家自信，是一种更加积极的进取论和世界观，也是我所指的中国外交在新阶段实施"创造性介入"的历史必然。

谈到全球治理，这里有一个深层次的问题需要适时探讨，即如何认识当今全球体系的基本性质，如何选取中国参与全球治理的切入点。国内来自"左"的批评意见是，当今国际体系是由西方国家主宰的，反映了资本主义制度下少数权贵阶级的利益，中国的参与治理弊大于利、失多于得。根据它的推论，不管是地区层次还是全球层次的国际制度、规则与安排，多半是由欧美日等西方大国建立的。执行国际决议和办案时，这些有实际支配权的国家总是实行双重标准，凡是有利于它们的就大力推进，不论是否其他国家愿意或满意；凡是不利于它们的就全力阻挠，哪怕国际社会多数成员提出相反的意见与建议。以这种批评为出发点看待全球治理过程，批评者不只质疑中国参与的必要与可能，而且特别强调，

金砖五国领导人中国会晤（2011年4月）

资料来源：http://roll.sohu.com/20110621/n311119109.shtml。

中国作为共产党执政的社会主义国家,必须明确表达自己有别于西方资本主义国家的第三世界一员态度;让中国混迹于少数西方资本主义国家的"全球治理"阵营,无异于为虎作伥、自我作贱,最终损害中国及广大弱小国家的根本利益。① 这类听上去振振有词的说法,实际上无法实行且于事无补。我认为,迄今为止全球体系确实一直受到西方强国的支配,其中确实包含大量不公正、不合理的成分,但这不是中国拒绝参加全球治理进程的充分理由,而恰恰应当是中国人提出符合多数国家利益和要求的全球治理目标步骤的机会。中国期待的和更多参加的全球治理,应当充分吸收过去很少发声但却代表实际人口多数的国际社会大多数成员的提议,应当纳入新兴的非西方大国的集体表达,应当有中国自身的改造

---

① 如果读者希望看到上述"左"倾思想的具体佐证,不妨查阅网络上有相当阅读量的"左"倾网站"乌有之乡"主页(www. wyzxsx. com),看看里面对时事政治和国际问题的大量评述、转帖和建议——其范围从转基因食品的有害性争论到外国影像制品的入侵问题,从政治腐败现象的根源到改革开放进程的评估,从利比亚危机到拉登之死的评点,几乎无所不涉、无题不做,事事体现新时期"左"的意识形态的各种表达者的诉求,处处表达鲜明的反西方、反市场化及反资本主义的立场。在国际关系领域,中国外交部门的很多现有方针政策,高层人物的某些讲话,如中美战略对话,中国处理朝鲜核问题的做法,中国在涉及主权争议上的建议与表态,常常受到尖锐严厉、直接间接的攻击责难。

措施。例如，在国际贸易体制新一轮谈判中，拟定中的规则必须考虑广大发展中国家适当保护自身新兴产业的诉求；在国际气候制度的后坎昆回合的对话里，我们要求的减排规定必须贯彻"共同但有区别的责任"这一原则；在联合国安理会下一阶段重大结构性改组的方案里，中国代表特别强调了"最大限度尊重多数国家意见"和"增加不同区域的代表性"的两条建议等等。所谓中国"积极介入"的立场，并不是否定过去在这些问题上的已有原则与说法，而是促使我们涉外部门和人员更加广泛地征求各方面意见，更加仔细地权衡不同方案的利害关系，在国际谈判中更加主动地提出动议和修改意见。从哲学高度讲，由西方主导的全球体系和全球治理过程，转向一种更加均衡、合理和公平的样式，可能有快速质变的路径，即摧毁性、破坏性、革命的措施（如毛泽东时代中国人的选择），和另一种以量变带动质变的思路，即比较温和、渐进、改良的方法（这正是邓小平时代的核心路线）。综合各方面因素分析，大概现今的中国很难回到"文化大革命"那种激进极端的时代，只有继续遵循改革开放以来选定的路线；也就是说，除了创造性介入全球治理之外别无他途。

学说2　海外利益说

中国海外利益的增长日益强劲、势不可挡，是21世纪第二个十年启程之际最显著的国际关系现象之一。在此，我想特别指出一点，给定中国国内产业结构粗放沉重，尤其是对海外化石能源的强烈依赖，中国向外扩展市场、寻找能源、投放劳力的强大惯性冲动在短时期内很难降低。比如说，在现有主要化石能源序列表上，有近三分之二的重要能源不能充分自给，不得不从海外进口，而且进口比例越来越大，进口量都是天文数字。中国人"满世界找矿"、"满世界打井"、"满世界运输"，并不是太夸张的说法。而今天的时代，早已不由过去那种帝国主义时代的逻辑主导，不是单靠强大军事力量便能护航海上通道或保护海外投资；军事仅仅是必要条件之一，而且是一个越来越不充分的条件。相比之下，海外利益增长对外交的需求更加强烈而多样，外交的各种抓手、平台、调解、斡旋和介入也更加便利有效，它们在极大程度上决定着中国海外利益保护的水平和程度。从各方面因素综合衡量，军事力量、商务力量、外交力量的统筹运用是必然的，其中外交的主导性和协调作用恐怕也是不能推却的。纵观冷战结束以来近二十年的中国海外利益大拓展，每次遇到海外利益遇险事件，中国总是表现出与西方大国对比非常不一样的地方，即对经济杠杆和外交力量的使用，明显多于对军事强制力和威慑力的应用。它既从一个侧面反映出中国人崇尚和平、慎用武力的历史传统与文化特性，也确实是中国国力国情现状和对外关系偏好的一种体现。一定意义上讲，正是由于中国外交对经济发展的大力支持（几十年的所谓"保驾护航"），培育和强化了当代国际外交一个特别显著的特征，即以和平的、谈判的、调解的各种国际交往方式，而不是用近代西方列强那种带有武力的、强制的、以大欺小以强凌弱的对外交往形态，保障各国自身的经济利益和发展过程，推动国际关系和全球政治的持续向前。往未来看，在相当长一段时期，中国发展的这一特点仍将延续，并且得到新一代中国决策层和各界精英的理解和支持。它最终可能证明，中国的崛起过程，与西方传统强国的崛起有本质的区别。

笔者想强调，"海外利益保护论"与前面提到的"国际责任承担论"，属于中国外交的创造性介入的不同推动因素，但它们不应当是矛盾的、冲突的，而应当是协调的、互助的：前者是内生的动因，后者来自外部的压力，它们共同塑造和平发展新阶段的中国角色与形象，表达改革开放新气象下面的中国利益与追求。没有海外利益的上升,中国人对于外部世界稳定发展的需求不会如此强烈,也不大可能主动承担更多的国际义务;反过来,没有积极参与国际治理的实践,中国保护海外利益的举措也就很难与国际接轨,很难得到各方的认同与接纳。中国的大国意识既包括对自身上升着的外部利益的认知,也包含对不可回避的国际角色与担当的深刻理解。当中国领导人和外交公文一再宣示"中国坚持走和平发展道路",这绝非只是一种宣传策略,而是经过几十年改革开放实践获得的认识,是亿万中国普通人实际的感受和甘愿的选择。它不光意味着中国的成长不要走帝国主义扩张的老路,还是深刻地指中国自己不要再依靠斗争、革命、战争等等激烈冲击和你死我活的方式争得未来,中国人民真心实意地期待用对话的、合作的、互利的、共赢的方式,实现中国国内的发展进步,加强对中国海外利益的保障以及中国与外部世界的良性再造。这样一种关系论,是中国对外战略之创造性介入的思想基础,是实现外交更大作为的出发点。它尤其是对"囚徒困境论"的抵制和超越,而在持有这类"囚徒困境论"看法的人士眼里,中国的崛起和壮大,包括中国外交和军事力量对海外利益的保护,会重蹈二战前日本或德国军国主义扩张的老路，即用不顾及他国意愿、不尊重国际法的野蛮手段，把保护本国海外利益、扩展新的生存空间，视为单向度的、排他式的、对抗性和征服性的强权崛起过程。但是如果仔细查阅自改革开放以来至今的中国高层有关对外关系的思想观点，如果深入观察中国外交对中国海外利益实施的各种保障与促进手段，如果认真分析中国军事现代化的防御性特点和国防白皮书阐述的"多重使命说"，如果全面研究中国思想界理论界对世界格局中长期走势的分析结论，你就不会认可"囚徒困境论"在中国与世界关系上的重现。

学说3 新型主权说

也许有读者担心，强调积极参与国际事务、发挥更大作用，会不会使中国重蹈欧美列强干涉主义和霸权主义的老路，改变中国长期遵循的大小国家一律平等、尊重各国选择和不干涉内政的基本原则。实事求是地说，这种担忧并非没有道理。任何大国在积极介入国际事务的过程中，如果方式掌握不当，都可能被认为是在推行强权政治。从现实观察，一些受到广泛指责的西方大国，常常巧立名目、假公济私，把自己的野蛮干涉说成是"合法介入"甚至是"推行王道"。为有别于传统西方干涉主义，笔者倡导的中国对外事务中的"创造性介入"，必须注意和遵守以下原则：首先，在任何情况下都要参照《联合国宪章》的基本精神，讲求介入过程的国际合法性。比如说，必须得到联合国多数成员的认可，特别是安理会的某种授权（至少是默许和不反对）。在各个专门领域，如海洋外空、气候环境、能源资源、人权政治、经社教育和各式公域，还应当参照不同的专门国际法律

联合国大会

文书和实践先例，使中国可能的介入行为有理可依、有据可查。中国作为全球事务里的后来者，尤其要注意学习各种国际法和国际惯例，观摩分析老牌西方大国的经验教训，努力与自己的行为及宣示与公认的国际准则对接而不是冲撞。正所谓师出有名才能得道多助。其次，中国的"创造性介入"，一定要尊重被介入对象的权利与尊严，尊重国家主权原则和各国人民的自主选择原则。

比如说，要得到主权国家合法政府的邀请，受到介入对象民众中多数的欢迎；在缺乏唯一和公认的政治权威的情况下，也要力争获得尽可能多数的政治势力和民意的接受（例如中国近些年在苏丹的表现）。当中国的利益受到直接威胁或损害时（如近期发生在利比亚的情形），或者当中国的国际角色与当事国的政治意愿发生矛盾时（如中国参加的有关伊朗核问题的大国协商），中国的"创造性介入"要选择好时机，避免被其他大国捆绑裹挟，坚定地采取自主表态、自主进入或撤出的立场，同时耐心细致地与对立双方保持接触，对冲或缓解针对中国的压力。以利比亚危机为例，虽然中国遭受了各种直接或间接的损失，但还是要看到卡扎菲仍是合法的国家领袖，代表这个国家的主权，因而不能认可以外力推翻合法政府的目标，不能赞同法国等国扩大军事干预范围的做法，而必须等待利比亚人民的选择和各派政治势力的最终博弈结果。在解决利比亚危机的过程中，中国的行动与表态，认真参照了非洲国家联盟和阿拉伯国家联盟的立场，把这些区域性国际组织及与利比亚有类似发展水平的近邻国家的态度，作为取舍的重要尺度之一。这当然也是尊重国际社会和多数国家意愿的直接体现。

威斯特伐利亚和会开创了用国际会议形式解决国际争端、结束战争的先例，并确立了国家主权原则

就中国读者而言，讲到主权原则，我想特别提醒注意这一范畴的深刻衍变过程及未来趋势。主权概念（sovereignty）自近代产生以来，至今已有四五百年；其间看似固定，实则演化不断。最早的主权指帝王君国不受教会束缚、自主决定辖地内宗教形态的权利，它与欧洲中世纪的状态有继承和超越的复杂关系。近代资本主义兴盛之后，帝国主义扩张的冲动在西方列强那里日益强烈，主权命题遂朝着保护西方国家的整体权益、保障它们在世界各地强势介入的"自主性"方向演变，于是主权有了"对内完全自主做出任何决策、对外不受任何国际律令约束"之义。这也是近代国际体系诞生至今最重要的主权界定。应当说，这种界定有重大的积极意义，它维护了民族国家作为主权体（民族国家）的基本权益，保证一国一票的国际平等原则，是国家间订立协定、政府间机构组织活动的基本准绳。但是，经典主权概念的一个困境在于，它把主权行使的操作赋予给国家(state)，由国家政府对内对外表达"主权者"声音。尽管理论上"主权"应当来自国家范围内的人民，并且由人民来决定主权行使的方向与步骤（for the people, by the people and from the people），实际上不知不觉中主权权力被行使主权的部门和决策者所掌管，由此出现国家滥用权力、政府不仅不顺从反而压制民意的可能性。在几百年间，主权的积极面与消极面始终同时存在，带来某些进步的同时也令哲学家和政治理论家困惑头痛，不能完全容纳时代的不断进展和觉醒公民的新意愿。冷战结束、进入新世纪以来，国际上所广泛认可的"主权"观念，对上述困境做了更多突破努力，总结了上百年间实践中的探究，越来越强调：新的"主权"范畴，不再仅仅是过去讲的民族国家主体在国际事务上的自主性和不受干涉，它必须包含"国家（政府）对本国民众的责任"（所谓"保护的责任"）、"国家的领导者顺应而不是违背百姓意愿"（即"尊重人权、民权"）这样一种基础性的内涵与安排。也就是说，当一个国家的政府采取与本国多数公众利益和意愿格格不入的政策时，哪怕曾经是合法上台和得到联合国席位的这个政府，也可能被剥夺某些主权权利、丧失国际尊重，直至被推翻或改变。尽管这种理解时常被歪曲，一些强权政治和霸权主义的行为也容易让人迷失方向，但新定义的关键和不可扭转的指向是：主权与人权不可分割，国家在外的安全性、发言权与国际席位，与国家对内的进步性、对民众的顺应、对专制的抑制，形成明确的和可识别的正比关系。比如说，当西方联军以联合国授权的名义干涉利比亚内政时，人们一方面批评说，这是粗暴的干涉主义和西方列强的私利冲动所致，另一方面利比亚现政权过去的某些专制政策也难辞其咎。恰如俗话所说，"苍蝇不叮无缝的蛋"。从进步趋势看，未来的理论指向是：如果主权行使者忠实地履行使命，建立起国家与社会的良性互动关系，充分保障了国民的政治、经济与社会权利，国际社会也会乐于给予这个国家的政府及代表人应有的尊敬与席次，这个国家将受到更多的保障并获得更大的安全性。说到底，"主权"范畴不是恒久不变的，而是不断变化的。对于具体的国家来说，"主权"权利不是固定的，一旦获得就永久不会失去；相反，它是随着主权行使者

（国家政府）的行为规范与自我表现而不断伸缩、或强或弱的。进步的国家有更坚实可靠的主权，退步停滞的国家可能被剥夺行使主权的权利（即使是暂时地被剥夺，或部分地被托管）。新的主权观代表着新时代的世界潮流，反映国际社会多数国家发展至更高阶段的普遍要求。就此来看，中国当然不能置身事外，我们的"创造性介入"的表态与行动应注意这种趋势。

学说4 慎用武力说

中国外交风格柔软低调细腻，很少勾连贯通武力，向来不同于老牌西方强国，后者强硬刚性、崇尚实力和武力速决。众所周知，近当代的国际关系史书中，充满弱肉强食、暴力血腥的欧美主宰故事。对比一下，在我们的传统文化精神里，虽然存在诸子百家，但有一种强大的主流倾向，即注重以理服人、道义至上，在对外交往上更是讲求耐心和慎用武力。即便是兵书讲兵法，中国古代多数军事家亦注重心战而不喜蛮力，《孙子兵法》中就说道："圣人之用兵，戢而时动，不得已而用之"，亦曰"不战而屈人之兵，善之善者也"，有"上兵伐谋，其次伐交，其下攻城"的排序。这种精神渐已渗透积淀在中华民族的血液骨髓里，成为上至政治人物、下到平民百姓的认知。① 抛开内战、革命和极"左"年代的特殊时期，中国当代外交，特别是改革开放以来的对外关系态势，一直遵守了邓小平奠立的新的时代、战略和国际大局观，始终遵循了和平、合作、协商、对话的精神，包括商务、军事、外交和民间的具体内容无不如此，重现了历史传统中"非攻"、"慎战"、"求势"、"中庸"的一支脉络。拿中国军队来讲，冷战结束以来的二十年间，凡是涉及对外行动，都表现为辅佐性的、援助性的、后勤性的和非战场交火性的"借用"，很少直接用于制暴、交火、弹压、正面战场之类的武装冲突，而且非常注重

---

① 国内外有一些研究者指出，中国历史上不乏军事争夺与野蛮残杀的事件，中国对外军事扩张的证据并不缺乏，中国战略文化传统也含有强烈的现实主义气质，即使在当代世界大国里中国动用军队解决争议的数量与比率也绝非最低的一个，因而"中华民族是世界上最爱好和平的民族"的说法并不具有说服力（可参见 Alastair Iain Johnston, "Thinking about Strategic Culture", *International Security*, Vol. 19, No. 4, Spring 1995, pp. 32—64）。笔者认为，或者由于不够了解，或者出于偏见，这些批评夸大了中国历史上军事暴力的作用，尤其是过分渲染了所谓"战略文化"对于民族精神与个性的塑造力。实事求是地评估，不管哪一种"最"（最爱好和平或最崇尚武力），都显得结论太简单、思维太线性，无法解读中国波澜壮阔、复杂多样的历史，包括其间发生的各种内战、起义、镇压、外患、受辱、抵抗或自卫、进击、突破、停火、妥协、和平等事态，也无法揭示这个历史文化丰富悠久民族的性格符号，包括战争与和平观，抗暴与镇压观，正义与非法观，以及包含各种学术、文化、思想、哲学气质的诸子百家学说。

师出有名，努力符合国际规范。中国海军出征东非及索马里外海，强调的是防范海盗、护航商船；中国派出的维和军人和警察，更是联合国维持和平部队里多半执行后勤保障使命、纪律严明、功效卓著的一支；此番利比亚动乱导致中国空军和海军遣派战机和战舰进入地中海，目标仅仅是护送撤离本国劳工的邮轮商轮，而非像法英美等国那样对利比亚大肆轰炸和炫耀武力；在多次公布的中国国防白皮书里，每每指出的都是中国国防和军事现代化与世界和平发展主题的一致性和贡献度，强调的都是中国军队不威胁他国、不首先使用核武器、不妨碍公域、不勉强扩军的品质及要求。尽管在外界看来这中间仍有不少地方缺乏说服力和透明度，笔者也认为中国军事现代化的短期和中长期目标之间的逻辑联系有待系统解说，但总体而言，中国军队对政治大局和政治决策的服从是有目共睹的，中国军队在国际交往中与外交部门的配合协调大体是令人满意的，中国军队被借用于中国外交的"创造性介入"的前景是可以预期的。

不过，也需要强调，中国人民解放军刚刚走出去，中国军人的国际法知识、外语能力仍需要大大提高，中国军队适合于不同国际水域、空域和领地执行非战争军事行动的准备仍远没有完成，对政治大局的理解、对国际新形势的理解、对外交战略和布局的理解,仍存在这样那样的缺失与问题。举例来说,前些年中国军队有关方面反卫星装置的试验,并没有与相关政府部门事先事后有充分的沟通,多少造成了有关对外宣示上的被动与无措;这两年中国海军在东海突破美日传统势力范围的演习训练,给人的感觉总是与相关政府部门的说法与策略之间存在一些不协调之处。再如,中国海军在东非国际水域的护航,看上去基本顺利,为中国和其他国家的大量航运船只提供了保障,但是,设想如果真的遭遇海盗且发生交火时,如何识别和处置非军队俘虏,如何与其他国家的海军相互沟通和协调,如何利用不同地带和国家的设施,仍然存在大量不确定性。韩国海军护航部队的遭遇战以及事后面临的安置和审判事宜,带来了数不清的麻烦,就是一个好的证明。在军事配合外交参与"创造性介入"行动方面,需要指出两个值得重视和改进的地方:首先,军事不只是武器和战

中国自行设计建造的新一代导弹护卫舰——"徐州号"(2008年)
资料来源:http://news.cctv.com/china/20080129/103778.shtml。

略方面的内容，更有准确研判对手、掌握宏观大局的要求。避免误判，防止"囚徒困境"（即对安全形势和对手的不了解），反对仅凭借旧习惯对付新情况的狭隘经验主义，是我军参与国际行动时特别应当注意之处。其次，适应国际范围非传统安全威胁突起的新形势，培养应对非战争性的多种军事行动的能力，是中国人民解放军创造性介入国际事务的一项重要任务。① 从最近几十年的国际安全与冲突局面分析，国家间的战争虽然仍在继续，但这类战事在总的冲突数目里所占比重呈现不断的下降态势；另一方面，由内战诱发的国际紧张与对峙，由国家武装力量对国际恐怖势力之类的非国家行为体的较量，表现出增多的趋势。对此我们的军事规划部门（特别是涉外部队）应当有充分的认知。另外一点需要注意的是，以往中国人民解放军的高昂士气，从来与我军将士对祖国的忠诚和对人民的热爱密切联系在一起，而在新的时期，在走出国门的国际空间、土地和水域，在执行联合

---

① 笔者曾有专文详细分析新时期中国人民解放军面临的多重使命，它们主要包括：应对大国摩擦，使之保持低强度与可控制；制止台湾"独立"及任何威胁国家安全与主权的分裂举动；软硬兼备，争取主权争端"软着陆"；保障日益增大的海外利益；承担联合国维和任务等国际责任，加强军事领域的国际合作。见王逸舟：《中国外交新高地》，中国社会科学出版社2008年版，第七章"传统安全新议程"。

国的使命中间，或者在履行多国协调、配合行动的过程中，还应增加新国际主义和大国责任义务方面的教育，把爱国主义精神与国际主义道义感结合起来，把捍卫祖国神圣利益的任务与维护世界和平的光荣使命结合起来。总之，推动海外练兵，发展和改进远投装备，利用国际组织尤其是联合国的合法性，加上对我国海外重大利益的保护，这几方面必经统筹考虑、有机结合。这里，笔者提醒注意可能存在的障碍（盲区），期待我们国家对外主要强力部门之间的配合做得更好，让各方面对在国外遇到的各种意外有足够准备，为新阶段中国在国际事务中的"创造性介入"开辟机会。总之，在国际关系和安全的"深水区"，中国军队要摸索前行，慎用、巧用武力威慑，注重外交指南，避免孤立行事。

学说 5 王道霸道说

分析至此，涉及一个重大问题，即如何认识当代国际关系里面的"王道"和"霸道"？如何看待它们之间的交错关系？如何从中国古代的"王道霸道"思想论说中借鉴吸收其合理成分？如何在新形势下铭记孙中山、毛泽东、邓小平的相关遗训？先秦诸子百家对于何为"王"与"王道"、"霸"与"霸道"（"霸权"），有丰富、杂多的论述,很难——一分析。依笔者极为粗浅的看法,有几个值得注意之处:其一,先贤强调"内圣"而"外王",即仁义者才能真正成为服众、有向心力的领导,好的王权乃是实行道义的结果:

> 彼王者不然,仁眇天下,义眇天下,威眇天下。仁眇天下,故天下莫不亲也;义眇天下,故天下莫不贵也;威眇天下,故天下莫敢敌也。以不战之威,辅服人之道,故不战而胜,不攻而得,甲兵不劳而天下服。是知王道者也。①

荀子像

对比起来,"霸"是指道义水准不够,只好靠蛮力和谋略获得支配地位,"霸道"主要依赖善于用兵、合适的政令及奖惩手段实现称霸天下的目的:

> 德虽未至也,义虽未济也,然而天下之理略奏矣,刑赏已诺,信乎天下矣,臣下晓然皆知其可要也……如是,则兵劲城固,敌国畏之,国一綦明,与国信之,虽在僻陋之

---

① 《荀子·王制篇第九》。

国,咸动天下,五伯是也……是所谓信立而霸也……故道王者之法与王者之人为之,则亦王;道霸者之法与霸者之人为之,则亦霸。①

其二,古人讲王霸,不仅重道义、名分、礼仪,也重手法、策略、才智,二者不可或缺。一方面,"先王之治,顺天之道,设地之宜,官民之德,而正名治物。立国辨职,以爵分禄,诸侯悦怀,海外来服,狱弭兵寝,圣德之治也";另一方面,"王霸之所以治诸侯者六:以土地列诸侯;以政令平诸侯;以礼信亲诸侯;以材力悦诸侯;以谋人维诸侯;以兵革服诸侯。同患同利以合诸侯,比小事大以和诸侯。"②

其三,中国古代思想里的"王道"、"霸道",运用到国家间矛盾与争端的解决上,不只有"上兵伐谋,其次伐交,其下攻城"的轻重(王权与霸权在这方面的运用是相同的),更有另一种显著区别:王道主张"师出有名"、"遵天道",有最高的、适天下的制度规定,所谓"礼乐征伐自天子出"而非"自诸侯出"。在王者那里,

---

① 《荀子·王霸篇第十一》。
② 司马穰苴:《司马法·仁本第一》。

政治实力和观念居首，经济与礼仪次之，军事及征伐最下，而这一切须听从于道义和仁爱的感召，所谓"远人不服，则修文德以来之"；即使用兵，也必须是正义驱动，所谓"圣人用兵也，以禁残止暴于天下也"，而非"刈百姓，危国家也"①。相形之下，霸道则没有这样的讲究与要求，它仅仅注重权术势的运用，单纯追求好处与地位。从今天国际关系和外交的角度说，中国古人先贤的这些思想有重要的现实意义，它们帮助我们认识什么是霸道的崛起、什么是王道的兴盛；经过创造性转化，它们亦可成为中国新外交实践的思想资源。

　　近现代中国伟人从孙中山到毛泽东直至邓小平，都有坚持王道、反对霸道的论述。一百年前辛亥革命时，孙中山特别注意到日本明治维新的经验和它在亚洲的崛起，一度对之寄予大的期望。他在《大亚洲主义》等演讲和文章里，希望强盛后的日本以"王道"而非"霸道"的方式，带动邻国（包括中国）和整个亚洲的进步。②毛泽东和邓小平不仅是最有名的反对外来干涉和强权的中国大政治家，他们也经常教育国人要防止沙文主义，

---

　　① 分别见《论语·季氏第十六》和《大戴礼记·用兵第七十五》。
　　② 参见《孙中山全集》第九卷，中华书局1986年版；《孙中山集外集》，上海人民出版社1990年版。

努力增强国际贡献。1956年毛泽东为纪念孙中山九十诞辰撰写的专文里,有这样一段话:

孙中山

一九一一年的革命,即辛亥革命,到今年,不过四十五年,中国的面目完全变了。再过四十五年,就是二千零一年,也就是进到二十一世纪的时候,中国的面目更要大变。中国将变为一个强大的社会主义工业国。中国应当这样。因为中国是一个具有九百六十万平方公里土地和六万万人口的国家,中国应当对人类有较大的贡献。而这种贡献,在过去一个长时期内,则是太少了。这使我们感到惭愧。

但是要谦虚。不但现在应当这样,四十五年之后也应当这样,永远应当这样。中国人在国际交往方面,应当坚决、彻底、干净、全部地消灭大国主义。①

邓小平反复强调,"谁搞霸权就反对谁,谁搞战争就反对谁",同时指出,"如果十亿人的中国不坚持和平政策,不反对霸权主义,或者是随着经济的发展自己搞霸权主义,那对世界也是一个灾难,也是历史的倒退。"②

笔者深以为,在中国贫困弱小、刚刚发展的阶段,特别要抵制外部压力、拒绝列强霸权;而在中国崛起、强大的过程中,则要防止自己的言行不自觉染上西方的强权恶习。新世纪头一个十年中,中国综合国力有了跨越式增长,现在的国内生产总值已经达到世界第二的位置,军费开支也仅次于美国,加上北京奥运会、上海世博会、广州亚运会一系列里程碑般的耀眼光芒,还有全球金融危机面前的沉着应对和经济率先回暖,似乎都预示着中国成为另外一个超级大国的前景。在这种背景下,记取古人先哲

毛泽东与邓小平

---

① 《纪念孙中山先生》,载《建国以来毛泽东文稿》第六册,中央文献出版社 1992 年版,第 241—242 页。

② 《邓小平文选》第 3 卷,人民出版社 1993 年版,第 128、158 页。

的有益思想，记住当代中国政治舵手的宝贵指示，具有重要的意义。有的时候，大众媒体和网络上的一些不负责任的言论，显示出狭隘民族主义和大国沙文主义在新局面下滋生的可能，暴露出悠久辉煌的大国古代历史和屈辱悲愤的近代遭遇带来的某种负面效应，即在某些人心目中，我之中华泱泱大国，岂能位居他国之下，更别提胯下之辱；天下事体再大，也终归须是东方以我为中心的朝贡体系的再现，是中国强而他国弱局面的复兴；处于困局的涉我主权纠纷，或者某些谈判中已划归他国的土地，迟早还得根据中国的需求退还给我；美国等西方在各个方向对我的不公正、不合理施压，最终会受到报复或惩罚。持这种观点的人，在表达上述看法时，并没有顾及国际公意和国际制度，没有考虑国际法和外交常规的解决途径，没有思考中国与世界在新时代建构新关系的可能性，没有认真想想打倒一种霸权的同时自身也变成另一种霸权的后果。由古人反复论证过的霸道王道观里不难发现，真正的王道必须首先把自己的体制、政治、社会和内部管理理顺，然后才有可能抗拒乃至消除各种霸道行径；在对外交往里，王者应当重道义和仁义，防止师出无名、狭隘自私。不必说，距离这样的标准，我们还有大的差距，还有艰难漫长的爬坡。在另一头，美国提供了现成的反面教训：它虽然强大无比，却广为世人讨厌、诟病，很多国家、很多民众不喜欢它，又拿它没办法。原因是，霸道一面经常在其对外政策中占上风，而它的王道成分（如对联合国和各种国际规范的缔造和支持，国内政治体制的制衡原理和民本主义等），往往被霸道一面所遮蔽，或显得软弱无力。中国不要成为另一个美国。我们在实行"创造性介入"之前，应认真检视这方面的经验教训。

学说6 抑制惰性说

组织社会学的研究早已揭示一个规律：任何一种社会安排、经济体制或政治制度，当它事实上或被想象成越来越重要时，它也可能变得更加庞大、封闭和"自恋"，产生更多的既得利益、官僚主义和制度惯性；它们的狭隘性、惰性和其他局限性的大小，会随不同领域、不同国情、不同意识形态、不同掌门人的眼界及管理办法的差别而有所不同，但事物的性质不会改变，即所谓"权力导致腐败，绝对的权力导致绝对的腐败"①。比较"好"与比较"不好"的制度的差别，在于前者能够保持

---

① 可参阅〔法〕埃哈尔·费埃德伯格：《权力与规则——组织行动的动力》，张月等译，上海人民出版社2005年版。

不断的变革、有效的监督和生机勃勃的创造性，而后者则听任既得利益和惯性思维的存在甚至蔓延，扼杀有个性、有思想、有创造性的言行。这个规律适用于每个国家、单位和行为体，古今中外皆然，外交部门也不例外。应当指出，与我们整个国家的改革开放进程与活力迸发相一致，中国外交的进取性在最近的几十年中也不断增强，在国际和平与稳定、周边地区的合作与缓和的进程中发挥了积极影响，对中国国内经济发展与建设更起到了某种"保驾护航"的重要作用。但不能否认的是，在我们的外交体制内部，同样可以见到上述定律的效用。比如，一些留学生和海外华人反映，有些使领馆的效率低下，存在像国内某些官僚机构类似的"脸难看事难办"、"重领导轻百姓"的现象；有的外交官习惯和喜欢官场式的交际，而疏于同各种民间人士和非政府团体的沟通；一些人在工作地点和国别的选择上挑肥拣瘦，在条件艰苦和需要创造性开拓局面的时候打"退堂鼓"。这些似乎都不算什么大问题，而且中国的情况并不一定比其他大国更严重，然而从高标准要求，特别是依照"创造性介入"的尺度衡量，这些官僚主义惰性现象，确实不利于增加沟通渠道和介入危机事端，不利于化解矛盾和打破僵局，对那些有创新精神和敢于提出不同意见的个人；也不是一种公平的和受鼓励的气氛。

　　笔者在收集、归纳当代中国外交创造性介入的各种故事及人物时，经常私下揣摩：那些苦口婆心与国外一些难缠的非政府组织和媒体打交道的中国优秀外交官，究竟是否受到有效的制度性的激励？是什么原因让国内不少民众和国外一些分析人士觉得，中国外交过于守成、缺乏想象力和关键时刻出手的能力？尤其就后一点批评而言，笔者想追问的问题是：到底是外行人不了解实情因而批评得没道理，还是我们的公共外交做得不够，或是由于中国外交风格本身柔软低调因而给人印象偏保守，抑或因为外交体制里确实存在一些不鼓励个性化言行及"创造性介入"的惰性氛围？自然，不存在唯一的和绝对主导的致因，各方面的因素可能都或多或少地有自己的影响，但还是有必要辨认它们到底如何存在、有多少影响，有必要思考改进和提升的议题。我们的决策者（包括政治领导和外交高层）须意识到，中国在新的时期一定需要更有创造性和更大力度的外交介入，这种创造性介入可能带来对官僚体制的某些冲击甚至破坏（"创造性破坏"），可能需要加大对有个性、有不同于传统风格的行为及个人的激励，可能导致一些小的争议和复杂的说服过程；但是朝此方向的努力是有回报的、得大于失的、利于中国海外利益扩展和新国际形象塑造的。与美国、俄罗斯等老牌世界大国有所不同，中国作为一个后发的大国，对外关系上的"创造性介入"并不是我们的传统，并不代表中国优势的一面，恰恰相反，它是一个需要不断学习、自我强化和激励彰显的大国品质，是一个把迄今为止仍是少数先行者的探索，逐步变为更大范围共同努力的新阶段主题。在本书前面提到的"创造性介入"案例里，在王毅、刘贵今、傅莹等优秀的中国外交官身上，我们不难察觉对惰性的自觉抵制，对各种可能性的执着探究，对习惯说法做法的反思、质疑与改造。假使王毅特使在完成缅甸之旅后，世界各国见到的外交公报未出现中国政府"希望缅甸通过协商妥善解决当前面临的问题，加快国内民主进程"的字样，人们不会惊奇；如果刘贵今大使不去拜会苏丹冲突各方的部族长老、县级长官，只是在这个国家的都城奔忙的话，上司也不可能责备；位居副部长级的驻英大使高位，傅莹原本可以优雅地穿梭于唐宁街和各个部委官厅及大企业做工作，而不必费力

刘贵今大使在非洲民间走访

劳神地亲自用英文给英国主流媒体撰写可能受到抨击的个性文章。依照惯性思维和官僚定律，更不必说依照极"左"思维或极端民族主义的考量，上述深具"创造性介入"特质的外交言行，很有可能被认为是"外交有可能引起议论"，"在非洲自讨苦吃"或"斗争性不够、立场偏软"。在中国的语境和体制下，这些东西尤其可能被认定是城府不深，甚至"政治上不成熟"，甚至影响个人仕途。但依笔者的了解，这些优秀的外交官在不同情景实行"创造性介入"时，丝毫没有考虑个人的荣辱或成败，他们只有尽快打破外交僵局或国际困境的迫切愿望，只有防止更大危机蔓延的责任意识，只有替国家、民族和普通中国人排忧解难的赤子之心。

最后想指出的是，在学术、科研、艺术、理论、建筑等领域，创造性是自然受到推崇的，可以说是须臾不可分离的一种品格；而在科层管理、精细运作的庞大政府体系内，创造性的发挥和创新思想（政策）的推行，则不是一件容易的事情——它仅仅靠聪慧、敏锐、有想象力还远远不够，更需要政治上的胆识，以及真诚而勇敢的心。

学说7 战略疆域说

从地缘政治角度观测，中国对外关系未来一段时期的"创造性介入",可以有两个重点层次:先是对邻国和周边地区的规划投入,再是对全球层面的作用统筹。安定邻居,搞好周边,解决各种地区性难题,逐步构筑适合中国且有利于我方的战略疆域,是中国推进新阶段大国外交的重要先行步骤,也是成为名符其实的世界强国的必由之路。战略疆域与主权边疆既有联系,又有区别:主权边疆是法律的边界,是相对固定的范围;战略疆域则是沿主权边疆向外延伸的特定范围,其大小视主权者的能力和影响而伸缩。国际关系历史一再证明,一个大国在崛起强盛的过程中,不仅要牢牢捍卫主权边疆,而且应当建立一定的战略疆域,把它作为地区大国的战略依托;世界大国首先要成为解决本地区问题的"能手"和提供区域整体发展方向的"灯塔"。想象一下,如果地区内部争执不断甚至冲突不停,而地区内最重要的大国缺乏有力介入调停的手段与意愿,被各种麻烦拖住自己的手脚,那么这个大国在世界舞台上的积极作用和受人尊敬的地位便无从谈起。美国崛起之前的19世纪,以所谓"门罗主义"向南美洲提供了大量的援助和制度性安排,从而确立了"后院"势力范围;俄罗斯及苏联向来看重"战略近邻"概念,不管经互会、华约或独联体各有什么缺失及矛盾,它们在不同时期还是构成了俄罗斯与西方对峙和缓冲的战略地带和战略依托。仔细观察就会发现，甚至连土耳其、南非、巴西、埃及这样的地区大国，都有各自建立小范围战略疆域的筹划与推手，不同程度地从中获取利益。当然，我们的国情与理念，决定了中国建立战略疆域的目标及推进过程，必然不同于传统列强霸道式推行势力范围的模式。比如，中国将努力摒弃霸权主义和强权政治的方式，避免在邻国和周边地区不接受或勉为其难的前提下实施我们的整合方案；如前所述，中国更多的是利用自己的经贸优势和市场潜力，以及提供公共产品和解决方案的形式，而不是通过武力或武力威胁（包括中国军事力量参与多边机制的协调运用），吸引周边国家加入中国倡导、牵头的自贸区倡议、技术产业链条、"东方文化社区"或安全共同体建设；中国将用既往实践中行之有效的各种方式，如"增长三角"、小区域安排、次国家的岛屿间合作等灵活多样的形态，充分发掘中国的比较优势及与周边地区的优势互补潜能；即使是处理主权纠纷这样敏感棘手的难题，中国也要努力避免触怒邻国，而让它们感受到中国的真诚善意，了解中国所建议的搁置争议、共同开发、求同存异、互利共赢等倡议的可行性。总之，通过类似的思路及办法，加大中国的亲和力，让周边邻国在遇到问题时更愿意请教和求助中国，形成以中国为内核所发散的亚太磁力场，使亚洲更加符合亚洲人的意愿与特点，使新亚洲的建设打上明显的中国印记，也使亚洲在世界的新位置增加更多的中国推力。

在周边层次之上，中国的作用将逐步推展至全球高地，体现为中国对全球性议题尤其是难题的认真对待与积极处理。关于它的重要性，前面已有分析，此处不再赘述。笔者想在此指出中国参与全球治理时须特别重视的两个问题。一是深刻认识参与全球性治理对我的正负效应。二是有意借助商务合同、战略外援和公共产品等多个"抓手"。

正如全球化本身具有"双刃剑"效果一样，参与全球治理的过程，对于任何加入其中的国家，都会带来有利和不利的两重影响：一方面，主动承担国际责任，承诺更多的国际义务，可以使中国的国际形象与地位得到改善，便于我们国家获得更大的国际话语权和引导力，使国际制度的改革和国际关系的走向朝着中国人希望的和平与发展方向迈进；另一方面，全球治理对主导性国家有更高的要求，受到更广泛的监督和压力，而且往往是以多边对话和大国协调的方式解决问题，它多少让习惯于低调做人、"韬光养晦"的中国人在开始阶段有各式各样的不适应，尤其可能还需要国内一些体制和安排做出相应调整，恰似加入世贸组织之后一样不得不面对大量针对中国的投诉和反倾销案，不得不将传统主权管辖的某些数据文本更透明化，不得不以负责任大国的姿态消除国内涉及知识产权或市场准入的某些旧习与壁垒。可以肯定，当中国站在全球高地上时，将面对传统意义上的封闭国家和地区性国家无法想象的各种重大难题，它们关乎全人类的安稳和国际社会的运作，属于考验大国智慧与能力的艰巨任务——典型者如眼下世人谈论的新一轮多哈回合的世界贸易谈判和规则制订，从《京都议定书》到哥本哈根进程直到坎昆会议的全球气候制度谈判，到打打停停、艰难曲折、拖延了半个多世纪的中东和平进程，到目前仍然没有眉目的北极协定和外空安排，等等。所有这些都是中国过去很少涉足或者只是以观察员身份低度参与的领域，都会给加入到全球治理进程中的新兴大国中国大的压力与考验，若处理不好，也可能时不时给国内媒体和公众以"得不偿失"、"何必如此"的感受和评论。对此高层必须有清醒的估计和思想准备。这是作为世界大国必须付出的代价，或者说是一种着眼中长期世界大局的中国战略投资，不可在小处斤斤计较。

从参与治理的战略策略方面考虑，中国今后一段时期,不仅应当继续扩大与世界各国各地的商务合同的签署(这是市场化中国的优势,是过去这些年中国在世界的影响力和外部批评声音上升的主要原因),更应当大大加强对外援助和公共产品的提供,把它们作为取得国际动议权和决策份额的交换筹码。按照联合国的标准,工业化国家和新兴大国应当努力把相当于国内生产总值0.7%的份额用于国际援助与发展。虽然我们国家的对外援助这些年一直处于上升的状态①,但离国际标准还是相距甚远;从我们自己的战略目标和影响力考虑,也应当加大投入,把外援作为扩大中国影响力的有力工具。它要求适当调整目前这种延续了三十年左右的以商务部门主导、以市场交换原则为标准的援外体制,改为经济、政治、外交、安全各领域统一考虑,商务外交军方各部门统筹协调,层级更高更有权威性的新体制(类似一些国家的援外总署)。在外援加强的整体布局里,战略外援和公共产品是两个有别于传统外援的范畴:前

---

① 参见新华网在2011年4月21日刊登,国务院新闻办授权公布的《中国的对外援助》白皮书。它第一次以政府公文的形式,对外公布了中国的对外援助政策、资金投向、管理方式等等。尽管有一些不足之处,比如没有说明它在政府预算和整个国民经济收入中的比重,也没有与其他新兴大国或世界主要国家对比讨论,但毕竟在中国外援政策的宣示上迈进了一大步,也增强了中国作为积极的、负责任大国的形象。

者指符合我重大安全利益和军事目标的对外援助,将主要用于中国的全球利益和战略布局,如过去这些年对周边一些国家的民用和军用援助,对非洲和中东一些能源资源产地的投入,在世界主要战略要津及周围投资建设的基础设施、通信设施和产业链的某些环节;后者指用于国际社会集体使用的产品或项目及公约,它们更多提供给联合国之类的有公信力的国际组织和机构,如维和部队的提供和培训基地的建设,团中央组织的赴外中国青年志愿者计划,中国提交联合国的会费,保护公海和极地的各种倡议,等等。战略外援与公共产品不是截然分开的,而是相互区别又互相增强的一对范畴,它们的关系及在中国对外关系中的新作用需要系统全面地研讨。在笔者看来,过去二三十年的对外援助里,商务合同份额过大(虽然有它的成因和道理),而战略外援尤其是公共产品的比例太小,今后应当逐步调整、改变这种局面。我们不妨把商务合同、战略外援和公共产品,看成是中国在全球范围实施更大"创造性介入"的几个重要抓手,在财政预算安排和国家大政方针中设置相应的部分。如果我们有精心设计和实施的商务合同、对外援助和公共产品,中国在新时期国际事务里的"创造性介入"会有更大成效。

学说8 社会民意说

古代兵法讲究"知己知彼,百战不殆",其理亦适用于现今的国际博弈。本书讨论的"创造性介入",也是对中国外交决策是否善察和顺应国内民意、是否熟悉并巧妙应对国际舆论的考验。从内部看,适合中国公众愿望和要求,首先要求能有效服务于人民群众日益增长的海外利益,如对大量留学生和在外旅游者的领事保护,对大量海外经商和务工人员所属国家和区域的安全提醒,对地方政府和企业在海外投资的全面规划。这方面应当说我外交部门已经做了大量卓有成效的工作,但同样存在可改进之处。比如,笔者注意到,迄今为止,除中国出口信用保险公司做过几次对世界各国商务投资的风险评估之外(而且内容相对简单、更新频率较慢),我们中央政府涉外部门(外交部、财政部、商务部、军方等),始终缺乏一份定期、公开、全面和权威的中国海外风险评估(年度或季度)报告,它显然与中国日益明显的大国地位和国际需求不相称。其次,适应民意,还表现为对中国民情公意的深入研判和心中有数。以朝核问题为例:到底现在的中国公众对半岛两个国家的情感如何?历史传统的影响多大?国家做出战略取舍的民意基础是什么？多数中国人到底把朝鲜（或韩国），看成是中国的友好邻邦或重要贸易伙伴，还是战略资产甚至战略包袱？我有时担心，高层不一定在所有问题和各个时间点上，都能掌握和反映复杂多样的公众意见。一些大的国内民间网站和国外调查机构，倒是经常安排这类调研，发布一些似是而非、令人生疑的结论报告；网络上曝光度最高但未必代表多数公众的，往往是一些"愤青"或"专家"。对比之下，权威的涉外政策制定和分析部门在一些重大的、需要表达社会意见的涉外议题上，反而显得不够主动和没有声音。

水能载舟，亦可覆舟。百姓与政府，就是水与舟的关系。毋庸讳言，现在我们的各级政府和官员，常常有自认为代表民意其实违背民意的言行和政策。比如，国内媒体大量曝光的一种类型是，相当多的地方政府野蛮拆迁、损害民众尤其是低下阶层的利益，一些官员却无视民怨，美其名曰"为官一任、造福一方"，或"使本城乡面貌一新"。众多的政府办公场所气派豪华，

外交部公众开放日（2010 年 7 月）

资料来源：http://photo.usqiaobao.com/2010—07/19/content_495553.htm。

一些官员过于强调（或内心看重）"发展"尤其是GDP指数，对老百姓的困苦或重视不够，或置若罔闻，颐指气使的做派和前赴后继的贪腐，使人不禁怀疑究竟"公仆"何在。经常性和大量存在的此类现象，暴露出现有体制的某些深刻弊端和缺失，让人痛感政治现代化进程在中国的迟缓。逻辑上，人们很难推导，对外政策的制订能完全避免内政方面的上述扭曲，不会出现决策过程不反映民意的现象。现实里，据笔者的观测，中央和地方的各种涉外部门，如对外宣传、对外文化、对外贸易、对外军事、党际关系、国际教育合作、对国际非政府组织（NGO）的管理、工青妇等社团的对外交流、各省区各部委的外事办或国际司等等，可以说极其庞杂且人数众多，里面也不同程度存在着官僚主义、文牍作风和各种不良习气。例如，对外宣传上有很多不着调的"排比句"，向外国听众观众灌输简单过时的说教；对外文化教育交流方面，兴师动众搞各式剪彩仪式，实际效果却并不如意；青年志愿者对外服务项目始终得不到足够的财政支持，来安排踊跃报名的众多学子；一些冠以"民间"、"社会"、"非官方"的对外访问和交换活动，参与其间的普通人很少，大小官员充斥其间，糜费公共资金无数；在涉足外贸、外交、外军、外党等领域的强力部门中，具有"长官相"、"官僚腔"的更不乏其人，下级和公众办事难、求人难的事例比比皆是。不要以为这些只是个人行为和少数现象，不致影响政策制定和观念偏好；事实上，在很多场合，官气十足的架势与氛围，已经拉开了政府与公众的距离，令出台的政策和措施远离了百姓的切身需要与实际想法。说到底，"民意"并不像很多官员想象和表述的那样，"公众"也绝非政府自然而然能够代表的。体制内外沟通的顺畅程度，官员任免和奖惩的激励方式，乃至大众媒体的监督自由和知识界的批评态度，影响着特定局面下政府方针和出台措施的"优"、"良"、"及格"还是"不及格"，制约着总体进步的合理性与涉外保密的必要性之间、对外决策的公共监督与对外决策的专业水准之间、战略意志与公共意愿之间的界限及其判别。在我们的社会条件下，由于缺乏经常化、制度化的公众投票方式，到底内政外交方针能否代表社会，代表的程度如何、水平如何，确实存在严重的问题。对此要有清醒的认识，有改进的勇气与办法。我深信，新阶段中国外交的更大作为，包括各种创造性介入的新手段，根本上讲，离不开这样一个思考方向。

学说 9　国际公关说

　　上面的分析，牵扯到另一层意思，即如何做好对外解释发布的工作，让外界更好理解中国未来更加积极主动的"创造性介入"。笔者因工作需要，经常到不同地区和国家考察访问，发现西方一些主流媒体，只是凭借个别中国发行量大的报纸或转载率高的网页，歪曲中国在所谓"麻烦国家"和"问题区域"的立场（想当然地贴上"只为掠夺资源、占领市场和占据战略要津"等标签），误读背后的中国国内公众看法（硬性打上"狭隘民族主义"、"沙文主义心态"和"政治意识束缚下的大众偏见"等印记）。也就是说，实际存在的、复杂多样的、丰富多彩的、越来越自信和自主的中国公众思想，可能既没有被那些外国媒体所认知，也未必被我们涉外部门的各种新闻发言人所充分解析。这也许是未来需要特别注意和改善的一个盲区。

　　为了说明问题，我再列举一些事例：是否真如外界一些舆论所说的那样，中国多数百姓对于发生在世界不同地点的残杀、暴虐等非人道或专制的行为无动于衷，只顾自身发展、埋头赚钱？是否我们一些外交干部也认为，国内公众、知识界和青年人，对于政府在一些国际事件发生的重大时刻和场合公示的"不干涉内政"或"战略伙伴关系"等说法,抑或中国在安理会的某些弃权票,没有激烈的分歧、争论和批评?我相信这里面存在相当多的误判和过分简化的因素。因此,说到底,"外交为民、以人为本",并不是一个宣传的口号,而是一个很高的标尺,是一个需要经过细致调研才能了解、需要认真统筹才能对接的指针。人民不是铁板一块,而是由不同价值、利益和需求的群体组成的;了解人民乃至代表人民,不是一件容易的事情。有了这样的思想认识,我们的决策部门在思考任何一项涉外"创造性介入"办法的社会基础时,就会有不太一样、可能更充分的准备工作。由此来看,适合不同时境的国际公关工作,是实施"创造性介入"不可或缺的重要环节。

中国国家形象宣传片亮相纽约时报广场(2011年1月)
资料来源:http://pic.people.com.cn/GB/31655/13753679.html,新华社记者申宏摄。

笔者想指出一个事实,即随着更多的中国公民走出国门,有越来越多的国人意识到,国内宣传手册上常常自我炫耀的中国外部形象,与人们的实际感受有相当多的出入;政治高层和外交决策层近年来也做了大量努力,通过诸如新闻发布会、记者招待会、形象展示会及政府各部门的"白皮书"等形式解说中国的立场,通过增加外援、推广孔子学院、派遣专家游说、在国外重要媒体刊登广告等形式增加国外对中国的好感。应当说,这种意识是正确的,相关的努力也有一定效果。但是,实事求是地总体衡量,我们的国际公关水平不高,"外宣"效果有限,国际上的接受度离内部的期待存在落差,体制上和观念上更存在需要改进的地方。试举一例。建国六十周年大庆前后,中央有关宣传部门与国内媒体公司和市场策划方面协作,精心制作了中国国家形象宣传片,用类似付费广告的方式,在美国纽约时报广场等国际知名场所反复播放,国内舆论照例对此高度重视,做了大量追踪报道。我们不妨简单做些分析:它是中国政府推动的新鲜国际公关手法;它参照借鉴了一些国家宣传自我形象的做法;它精心挑选了改革开放以来中国人的优秀代表(如中国公众熟悉的科学家和航天员,中国舆论喜欢追踪报道的专家学者和媒体主持人,以及国际知名的中国影星和球星等)。这些是值得给予肯定的努力。然而,它仍然反映出我们的"举国体制"的另一面,即比较笨拙简单,不善于讲故事,呈现的形象高出百姓生活太多,反而让国外普通人无法真正读懂、接受和喜爱我们展示的人物。中国"外宣"喜爱显示中国整体的国家力量,如最新的科技进展,令人炫目无比的都市建筑、世界最好的体育场馆和高速铁路,却不知它们恰恰可能成为某些别有用心的外部势力宣扬"中国威胁论"的口实,有关策划者也不太去想为何它们在外国不会产生国人心底那份自豪骄傲。在宣传中国的"国家形象"时,我们的国际公关人员和部门首先想到的是国家力量、国家受辱的历史、对任何潜在对手的压倒性优势,其次才可能是受众的感受。这样做给人的感觉是,他们记不起北京奥运的主题口号"同一个世界,同一个梦想",而是情不自禁地想到《亚洲雄风》那首歌曲宣扬的独特地理、人种与优越性。仔细想想,这种"外宣"的确不易让其他地域的人民和国家欣赏和理解,自然达不到对外公关原初的目标。这种宣传放在国内背景下,百姓可能早已习惯,但问题是我们是想增强中国形象的亲和力,抵消各式"中国威胁论"的消极影响,向外国的公众解释,中国的崛起将带来互利共赢与和平繁荣。前面讲过的

"傅莹方式"之所以打动人心，让外国人放心释怀，关键在于这位优秀的中国外交官把握了"各美其美、美人之美、美美与共、天下大同"的道理，用国外公众听得懂和愿意接受的语言与逻辑，讲了中国的成就与弱点、中国的进步之处与复杂性、中国与外国的各种利益矛盾与中国多数人妥善处理这种分歧的渴望，把中国高层的大政方针与中国百姓的真实情感精细地糅为一体。另外，国际公关不仅要求有针对性，适合不同文化和历史的国家特点，还要注重时效性，在国际舆论不利于中国的看法成气候之前及时介入、有效反制，或者当某些消极声音有蔓延扩展之势时主动出击、纠偏正误。北京奥运前夕发生在欧美一些国家首都的抵制奥运圣火传递的事件，以及傅莹大使出色的危机公关，提示了时效性介入的要紧。当然，从她身上也不难看到，优秀的外交官不会就事论事、脚疼医脚，而是深谙"风起于青萍之末"、"冰冻三尺，非一日之寒"的道理，回应质疑时要从源头分析起，摸透外国人的疑惑与盲区，直陈西方媒体的歪曲与坦承中国自身的不足。国际公关不像谈判博弈，更不是战场搏杀，主要不靠强力和高压，而应察言观色，讲究"和风细雨"。在适当的时间、适当的地点，以适当的言行，化冲突于无形，或使矛盾化大为小，用交朋友、讲道理的办法，解决军事战场和外交博弈无法解决的问题，这是国际公关的使命之一。从实践中观察，它也是中国外交官须具备的工具之一；未来的"创造性介入"越多，形象塑造、增信释疑和危机公关的任务就越多。

学说10 利益分层说

区分国家利益的层次与特性，不仅是国家制订宏观大战略的出发点，同样是外交领域推动"创造性介入"的重要原则之一。现在有一种让人困惑的势头，即各个声音大的或代表性强的部门或人士，都把自己本部门本领域的特殊关注和局部利益，冠以"重大利益"、"国家利益"的说法，甚至与"国家核心利益"联系起来，依此期待更大重视和获得更多投入。不断增多的提法中间，有些名符其实，有些似是而非，有些未必恰当。比如，人口管理部门把计划生育称为"国策"，指出世界第一人口大国人口方针的极端重要；农业部门强调十八亿亩耕地是不可逾越的"红线"，把粮食安全视为国家生存、国家安全的重要内容之一；环保部门提出，在新的全球格局下，国内能否实现节能减排、低碳发展，已成为中国能否实现高质量、可持续发展，中国与国际社会的关系能否和谐向上的新焦点；中宣部强调，与西方在意识形态领域的重大斗争,"关系中国社会主义政权的生死存亡",各方面都不可掉以轻心;国台办及西藏和新疆等地方政府,当然认同"台湾、西藏、新疆问题涉及中国的核心利益"的提法,海洋局、渔业、海事部门肯定不反对某些媒体和一些学者所说的"南海纠纷关乎中国的核心权益"的意见,它们各自都能拿出听上去难以反驳的理由和证据;海军、空军有分析人士认为,东海一带与日本发生主权摩擦的地点(如钓鱼岛),构成了阻碍中国军队走出去的"第一岛链","直接威胁到中国的核心利益";有越来越多的文章指出,鉴于中国进口化石能源的规模与比重接近危险的临界点,因而对海上通道安全和能源供应链的保障,将成为新阶段中国的国家利益与国家战略的重要组成部分;还有的专家学者指出,随着中国与世界关系的变化,国家形象与国际话语权也日益成为中国新的国家重大利益。诸如此类,不一而足。总之,站在不同角度和有不同的利害关系,人们对于中国利益的内涵就有不同的界定与建议。这种局面不仅不足为怪,在日益多元和活跃的中国

南海礁

社会背景下，它也可看成不可阻挡而且值得鼓励的一种态势。无论在哪个国家、哪种制度下面，现代社会的一个发展规律就是不断分层化、多元化，其结构和需求日益复杂化、差异化。好的管理者，其理性的应对方式是，摸清这种规律，适应其特点、扬长避短、统筹兼顾各种关系，妥善处理不同层次、不同利益的不同诉求。要防止僵硬的思维方式和固定不变的轻重考虑，即把过去年代形成的国家利益定义和先后次序，不管环境和条件发生什么改变，始终不变地沿袭下去；更不能谁的声音大，谁的关系多，谁的后台硬，就按照谁的愿望和要求，确定重要性的大小、议事日程的先后和资源配置的多寡。

笔者提出的建议是，给定外交部门可以支配或协调的有限资源（人、财、物），我们国家对国际事务的"创造性介入"必然有一个轻重缓急的次序，只能根据主要的需求和利害关系确定介入的深度广度。因此，权威部门和专家学者及公众不妨展开广泛的讨论，认真研究什么是优先处理的国家议程，哪些问题必须投入（更多）资源并且反复研讨，中国外交介入的成功标准是什么，何种情况下非介入不可、何种情况下必须脱身退出或置身事外，包括介入对象的哪些方面与我核心利益、重大利益、次要利益、一般利益、可有可无的利益挂钩，因时制宜、因地制宜地把握介入时机和力度。这里，试以中国在利比亚危机时的进退为例略作分析：中国政府在第一时间做出重大决定，不惜代价地撤出中国在利比亚工作的数万劳工，把"安全、快速、全部撤回"作为优先考虑、优先投入的任务，折射出中国对日益增长的海外利益和安危的更大重视。与此同时，中国外交官主要出于人道主义考虑，对西方若干大国推动表决的在利比亚设立"禁飞区"的安理会决议案未投反对票，但这次中国的表态与十多年前科索沃危机时站在南斯拉夫一边，对西方议案说"不！"的立场有差距，表明中国不希望由于一个相对遥远的非西方国家而与欧美重要国家唱对台戏。然而，众所周知，利比亚拥有丰富的石油资源，中国在这个国家有大量的合同，在经贸和基建等领域比西方老牌殖民主义国家有某些优势，部分基于此原因，中国在制裁案上投了弃权票，并且公开反对法英美等国越权打击卡扎菲政权、造成这个国家更大混乱的严厉手段。中国

瓦良格号效果图

目前的策略是，一方面与俄罗斯、德国、巴西等安理会成员中不同于强硬阵线的国家保持密切沟通和协调，一方面以同情及认可的眼光注视追踪非洲国家联盟和阿拉伯国家联盟的整体表态，一方面也与利比亚国内交战双方保持接触（及合作的可能性），"不把鸡蛋放在一个篮子里"，为未来的政局变化做好两手准备。细细解析中国外交部门的有关表态，认真研读中国高层和相关领域的有关决策，不难发现对涉我利益的各种考量，看出重大利益、次要利益、一般利益的权衡与排序。对此应给予好评。要说不足的话，我想指出三点：一是"大撤退"决定的做出，多少有些匆忙，论证得不够，巨额财政资源的动用是否合理（"投入产出比"）很难判定；二是比较关注大国（欧、美、俄等）的态度，而不太注重非盟和阿盟的立场（至少给人印象如此）；三是下"先手棋"、积极介入和影响北非走向的意识不够。我一再强调，介入（包括强力、积极的介入）可以有多种形式，中国的"创造性介入"不等于强行干涉他国内政，而是说要巧妙引导局势的演化，为符合各方利益的事态到来作出贡献。对于中国这样的世界级大国，这一天是迟早要到来的。利益组合并非一成不变，重大利益、次要利益与一般利益在特定的时空与条件下是可以转换的，"创造性介入"

的作用，是未雨绸缪、先行布局，细察利益的变动和掌握转换的枢纽，避免最后关头陷入尴尬境地；它的另一个可能的功用，是在自身国家利益和国际社会共同需要之间，建立起动态的、多层次的、有时微妙和复杂的平衡关系。这就是大国外交的"艺术"。

学说 11　复杂现象说

当我们细细地思考外交与国际关系的各种现象时，经常会感到常规知识、传统学科及其分析工具的乏力。例如，欧美日发达国家曾经有相当雄厚的"苏联学"基础和大量看似有理的研究成果，但没有一个人、一份报告预测到苏联在 20 世纪后期会以世人见到的方式解体；中央情报局和美国军方的情报机构拥有遍布全球的情报网和无数个"007"，但他们未能阻止甚至无法预知"9·11事件"的发生；经济学被认为是当代社会科学中最科学、完备的一个门类，但每一个经济学家都承认自己无法预测股市为何急剧波动、何时还会"非理性"起落；达尔文的进化论被认为是有与牛顿力学相同地位的近代伟大学说，但自然选择说显然无法解说"非典"病毒（SARS）2003 年春夏之际在北京、香港、新加坡三个城市的同时出现，更不能有说服力地告诉我们这三个地点的上述疫情为何带来深远的社会、心理、经济、政治、军事和国际后果;国际关系理论各流派自有其专长,但它们似乎对所有实际发生的国际关系现象和过程,都只能"局部拍照"和"颗粒显像",给不出真正"立体"、"动态"的画面。针对上述困惑与质疑,20世纪的最后二十年以降,一门新的、被称为"复杂性"(complexity)的思想学说开始出现,在不同场合它也被称为"复杂性理论"、"复杂性学说"或"复杂性科学"。虽远未成熟、取得共识和大量应用,但这门新学问引起了越来越多的重视,并不断融会和整合(譬如)神经网络、系统秩序、混沌理论、人工智能、科学发展的新探讨和前沿发现。[1]

对复杂性思想的要旨,笔者试做以下归纳:在众多仿佛无规律、无人知晓、无理论可解的现象(问题)背后,实际上存在共同之处和可追索的线索。它们都属于所谓的"复杂系统",有许多相对独立的因素进行着极其繁多的相互作用——亿万个神经细胞组成了大脑,成千

---

[1] 有一本通俗又深刻的作品描述了"复杂性"学说的起源和主要精神,其作者是美国《科学》(Science)杂志的特约撰稿人。读者若对这个新的学说有深入了解的兴趣,不妨把这本书找来看看。见〔美〕米歇尔·沃尔德罗普:《复杂——诞生于秩序与混沌边缘的科学》,陈玲译,生活·读书·新知三联书店1997年版。

上万相互依存的人组成了人类社会。在每一种情况下，这些无穷无尽的因素相互作用，使每个系统作为一个整体产生了自发性的自组织，一组组单个的动因在寻求相互适应与自我延续的过程中，以不同方式超越了自身原有的形态，获得了例如生命、思想、目标等等作为单个的动因永远不可能具有的集成特征。更进一步，这些复杂的、具有自组织的系统，可以自我调整和运作。它们并不像地震中的滚石那样，仅仅是被动地对所发生的震动冲击做出反应，而是积极试图将所发生的一切都转化至对自己有利的方向（从物种到企业直至国家的各种复杂系统莫不如此）。最关键之处在于，每个这样自我组织的、自我调节和演化的复杂系统，都具有特别的动力，一种本质上高于计算机集成电路板的动力构造。通过混沌理论的帮助，人们还发现，上述动力的运动，能使极其简单的结构，产生极其复杂的行为和表现。正如《复杂》一书的作者沃尔德罗普形象生动又无比深刻地描述的那样：复杂性系统具有将秩序和混沌融入某种特殊平衡的能力。"混沌的边缘，是生命有足够的稳定性来支撑自己的存在、又有足够的创造性使自己名符其实为生命的那个地方；混沌的边缘，就是新思想和发明性遗传基因始终蚕食现状边缘的地方"；"混沌的边缘，是几个世纪的奴隶制和农奴制突然被20世纪50年代和60年代的人权运动所取代的时刻;是长达七十年的苏维埃突然被政治动乱所取代的时刻;是进化过程中万古不变的稳定性突然被整个物种的演变所取代的时刻"①。正是受到复杂性学说的启迪,有更多的人意识到并承认:大洋此岸一只蝴蝶翅膀的轻微扇动,最终可能造成大洋彼岸汹涌澎湃的海啸;某个小人物的悲惨遭遇,最终可能带来民族国家的剧烈动荡和外部强权的可怕干预;市场、商业、贸易、政治、战争、学界的各种所谓"不确定"、"不可预见"的危机或突发现象,原来是可以想象和追索的,尽管新的工具手段尚未建立,新的理论尚不成熟,新的思考发现尚难展现。复杂性学说是对牛顿时代以来一直统治科学的那种线性的、还原论的思维方式的突破,也是新世纪到来之际人类思想和创造的新地平线。

蝴蝶效应

笔者以为,复杂性思想为中国外交在新阶段"创造性介入"全球事务,提供了重要的启示。首

---

① 〔美〕米歇尔·沃尔德罗普:《复杂——诞生于秩序与混沌边缘的科学》,第5页。

先，它告诉我们，外交工作所面对的当今世界，是一个大的复杂性系统，对之不能以传统教科书或意识形态的尺度裁量，而应当有新的理解和把握。看到人们说"某某事态存在不确定性"、"某某结果超出预料"时，我们不应当以此给消极惰性的态度和政策提供借口，而要把它们看做是对复杂性常态的一种直观、简单、平面的反应。大到国际格局的历史转换，再到战争与和平的起因，直至偶然、个别、短促的事件，无不印证混沌学说的逻辑，无不需要以复杂性思维建议的发散性观念、在相互联系中辩证地看待。因此，优秀的外交官、出色的外交工作，必须以经常性学习和"补课"为基石，把外交对象看成复杂性系统，把外交学习（既有实践中的改进，也有理论方面的充实）看成职业生涯的必要部分。在国际关系理论的当代发展中，有一支叫做"学习理论"。它讲的恰好是如何在复杂现象面前保持学习和跟进，积极适应新情况和不确定性，通过各式制度创新提高人（及组织）的敏锐性与感受力。它也指出，学习可以有个人的或集体的学习，有简单的或复杂的学习，有一次性的和不断推进的学习，它们的根本目标都是提高适应混沌现象与复杂性的本领。① 这一理论很值得我们的干部与公众借鉴。其次，本质上，"创造性介入"属于更高标准的外交，也是对复杂性学说的演示。在前面提到的中国新外交案例里，比方讲，不管是王毅、刘贵今、傅莹这样努力用新方式开创新局的个人，还是"战略对话"、"借力东盟"、"运筹台海"、"朝核机制"、"北非撤离"这样令人耳目一新且成效显著的制度性安排，都是对线性思维的突破，是在领导指示、制度规定、部委程序和自发性、创造力、自我调节本能之间所做的复杂平衡，是在《复杂》一书作者所说的"秩序与混沌边缘"之间"走钢丝"、"打擦边球"（借用这些词汇表达的最佳内

《复杂》书影

涵）。坦率地说，在中国，并非所有外交官都能和都愿意这样做，并非现有体制已经具有激励这类做法的规定（和文化）。最后，复杂性理论提醒我们，进化、进步、新事物的诞生等等，绝非想象的（或这里描述的）那么单一、平稳

---

① 有关学习理论的具体内容，可参见王逸舟：《西方国际政治学：历史与理论》，上海人民出版社1998年版，第十二章"学习进化理论"。

和可预期，大大小小的复杂性系统对自我的超越及组合再造，可以有几乎无限的形态与路径，让人们永远充满惊异、不确定感和好奇心。在本书论及的外交与国际关系层面，它也意味着，改进和提升是没有穷尽的，即使是好的外交官和外交安排也可能遇到麻烦，"一波三折"，即便目前看准的各种于我有利的进程说不定会发生大的失利。如果遇到这种情况，关键是我们的外交官和有关部门对此是否有思想准备和灵活应对，那些曾被认为是"创造性介入"的人与事能否持续。在复杂性的思维下，外交与国际关系的任何现象都具备自我调节和演化改进的动力，重要的是看我们能够观测到多少，怎样择善而从且从善如流。笔者深信，当混沌学说、复杂性思维在中国外交界和外交思想界有更大范围的接受时，人们认识世界和自我反思的本领一定有大的提高，"创造性介入"的新方向一定会受到更多推崇。

学说12　世界大势说

20世纪70年代后期，邓小平判断国际形势时有一些高瞻远瞩的论点，比如"世界大战有可能推迟"，"和平与发展是当今人类面临的两个共同挑战（主题）"，"科学技术在我们这个时代越来越重要"等，为中国实行改革开放政策、加快发展与建设步伐,奠定了坚实的思想基础。同理,进入21世纪以来,我们可以察觉世界政治及国际关系的一些重大变动趋势,对它们的深刻研判与准确把握,有助于中国外交在国际社会的进步中发挥更加积极和有效的作用。在这方面应当开展广泛的讨论与争鸣,我这里只是提出若干供大家思考批评的线索。首先,纵观冷战结束以来主要大国关系的演进,不难发现,对世界事务有重要左右能力的主要大国,不管是什么社会制度和意识形态及历史文化背景的国家,事实上都形成了某种默契,即不论彼此有多少深刻的矛盾与难以调和的分歧,相互间的全面对抗和战争解决不是一个选项。这里面有复杂的动因,在此不展开讨论。它的直接后果之一,是保持了全球格局的基本稳定与和平,保证了贸易自由化与全球经济相互依存的进程可持续推进;当然,它没有避免局部冲突和地区热点的升温,某些时候后者是大国间默契与妥协的代价。对于中国新时期的"创造性

邓小平在联大第六届特别会议上发言(1974年4月)

介入"而言,上述事态也提示了我与各世界大国和地区强国保持深度合作、多重协调、"斗而不破、和而不同"之关系的更大空间。其次,在各式国际争端的解决过程中,仔细观测就能见到,军事依旧重要、权重很大,但其优先性和使用频率在逐渐下降,对比而言,外交和经贸的杠杆或引导作用则持续稳步地提高。如果把最近的六十年和二战前的六十年对比,此消彼长的这一动态就更加清晰可辨。美国在二战后是打仗最多的国家,但美国人越来越多地发现,受国际组织、国际道义和国际法的约束,假使军事"硬实力"缺乏外交经贸等"软实力"的协调配合的话,现在的动武没有过去那么便利了。拿中国来说,最近三十年比起此前的三十年,在国际争端中运用军事的频率大大下降,而外交力,特别是经贸力的影响左右能量则大幅上升,中国实力和国际地位的提升主要不是依靠前者而是后者。美中两国的上述事例并非个案与偶然,它们实际上预示着国际进步与争端处理的新方向;显然,这种比较能够给我们的外交新手笔和创造性提供更多的思考余地。

这里想指出,进入新世纪的十年,国际关系的三个维度(经济层面、政治层面、社会层面)的各自张力,让国际社会概念变得更加清晰和立体。国际经济是无处不在、明显可见的，国际政治仍不时有强权与正义的较量，而国际社会这个曾被认定是虚幻的层面，也开始争夺话语权、不断壮大起来。举例来说，NGO（Non-Governmental Organizations，"非政府组织"）这个词汇，在冷战刚结束时还没有多少人认得它，现在无疑是国际关系里使用频率特别高的术语；它从一个侧面透射出社会性因素在国际舞台上的崛起，对政府权威和传统领地发出了更大批评之声，展开强有力的争夺受众之战。联合国过去被认为是主权国家政府代表的权威讲坛，而现在这个全球最大的国际机构里到处可见 NGO 的游说及存在，数量及活跃度更不在官方代表之下。国际上各种非政府组织并没有单一的形态，它们的目标、价值、行动纲领、活动方式可以说是五花八门，我们很难用单一的尺度去衡量它们。组织社会学理论告诉我们，国际政治经济安全各领域越是密切依存与频繁互动，国际社会的结构越是复杂多样，其内部越是会不断层化、分化和再组合；不论政府机构多么信息灵通、行动高效、计划周密，它也不可能时时事事处处兼顾，不可能没有盲区和永远不犯错误，这就给非政府组织批评和抨击的机会，让形形色色的异端思想和异质诉求有了争取受众的可能。从正面解释，国际 NGO 事实上有一种拾遗补缺、监督促进的效果。对此我们的外交官和政治家不仅要有平常心，更须具备适当的对话能力、整合办法及妥协手段。设想，在北京奥运火炬传递受到阻挠的那些天，驻在一些西方国家首都的中国外交官，主要的任务当然是保持官方间接触，促使有关国家政府尽到保障传递活动顺畅进行的责任，也有一些人只是用焦虑的眼光关注事态的进展，一筹莫展。坦白地讲，在笔者看来，像傅莹大使那样敢于直面各种质疑和刁难、直接做外国公众和媒体工作的中国外交官并不多见，尤其不像她那么富有想象力。毕竟，以个人名义给国际主流媒体写信，用讲故事的方法增信释疑，并非中国通用的做法和外交官分内的事情。没有勇气和眼力，缺乏足够的自信和写作本领，是不可能像她这样去做的。但确如后来人们见到的那样，傅大使独特的危机公关，取得了良好的成效，在看似铁板一块的西方主流舆论界撬开了缝隙。中国新外交时代的"创造性介入"，要重视国际新现实，包括多面复杂的NGO，像傅莹大使那样善于做它们的工作，"用其利、避其害"。须理解，当我们说"国际关系民主化是一个进步趋势"，"外交为民"是一种执政理念时，它不是不需要付出成本和代价的，不是不存在困惑与麻烦的；任何想在全球事务中有所作为的国家，必须承受NGO之类因素的批评，准备好面对来自民间或社会的各种看法与要求，坦然接受国际舆论的"双刃剑"效应。依我看，国际社会的壮大和更多NGO的出现，是国际关系今后一段时期的必然，是任何一个个体的人喜欢不喜欢都将面对的新现实。对于中国外交官来说，问题仅仅是：是像过去某些时候那样被动地、消极地、不情愿地面对它，还是像傅莹等优秀外交家那样认真、主动、有想象力地面对它？

第四章 场景假想

依照前面的线索，现在，笔者试着推导几个场景，演绎未来某个时刻中国外交的"创造性介入"的若干线索。这些场景及线索，在老练的外交人士看来可能太过幻想、与实际办案过程相距甚远。但笔者以为，重点不在于它们的仿真度和马上实现的可能，而在于它们预示着有象征意味的"抓手"与"切入点"。如果更多的人、更多的机构愿意往这个方向思考，中国外交的创新力就有突破性的增强。

假想 1 两岸中程架构

经过几年的努力，台湾海峡的局面可以说焕然一新，由原先那种充满对抗性、火药味十足、战争冲突随时可能发生的态势，转变为目前这种双方执政高层均支持和平发展、彼此深化"三通"基础上的经贸合作、民间往来交流如火如荼、战争阴影渐远渐消的可喜形态。然而，假使我们不满足于已有的进展，而是把目光放得更加长远，即逐步建立有利于中华民族血脉共同体的政治安排，让炎黄子孙在21世纪有更大繁荣进步，那么，下一步重点，应当是把近短期的积极势头，发展对接成为可持续的、稳定的、双方满意且国际承认的政治法律架构——一种特殊的"两岸中程架构"。根据本书所言"创造性介人"范畴，这个架构是我们认真设计并主动提出的，既考虑内战遗产，更顾及当前两岸和未来国际政治，以今后十五年至四分之一世纪的时段计量，它应含有如下的线索：

"血脉共同体"的认知。双方认同中华民族的共同祖先及悠久同源的历史传统，以此作为求同存异、发展新关系的文化心理条件，并以此作为号召世界各地华人华侨团结共进，增强中华民族各分支、各地域、各成分的血脉相通性的重要标杆；在增进中华民族的全球向心力方面，双方承诺负责任的表率作用，用实际行动向自己的人民并向外界彰显昭示，中华民族在当代由一体衍生多元的"民族"到多元回归一体的"国族"之演化，具备两岸互利共赢、兼顾国际关切的正面意义。"血脉共同体"概念，表述着消弭对抗性不良基因的积极思想，是在一切困难关头坚持对话与融合之决心的心理基础，也是在两岸现有政制不通用的情况下"曲线救国"、保持联姻的一种文化符号。

过渡性质的安排。中程架构的关键，在于逐步消除双方发生战争对抗的安全隐患，培育双方认可的政治架构，建立国际范围内均可接受的法律安排。中程架构要使短期而脆弱的权宜合作，提升为不可逆转的趋同态势，

为最终的统一奠立基石；但它尊重双方的现状和人民意愿，不强求统一的时间、方式与名号，因而有过渡阶段（"中程"）特有的兼容性、模糊性和灵活性。过渡阶段可长可短，取决于双方的意愿和具体的情势。在安全领域，双方同意朝着建立不针对对方的军事态势方向迈开实质步伐，比如说撤销或减少瞄准对方目标的导弹阵地，并依据军事互信的进展，双方可在更大的国际水域（如南海）或空域（如外空和平利用）探讨沟通与合作的可能；在政治领域，双方承认现状源自历史，目前各自的政治体制表达当下各自的特殊基础和民意，同时承诺不以政治动员、口号和制度撕裂中华民族血统的同一性，愿意在此基础上探索未来实现政治整合的途径与方式；在对外交往领域，双方在相互沟通和承认现状的前提下，从有利于两岸人民和防止误解、摩擦的目标出发，理性而温和地探讨有利于双方同时参加的各类型对外交往和国际法安排。

百家争鸣的必要。在没有进入政治协商和国际法安排之前，在当下阶段最为需要的，是最大限度地激励学界、智库和专家个人开展全面、细致、有争鸣、不设限、不施压的前期研究，充分利用思想的想象力、理论的缜密性和学者的创造性。海峡两岸高层都应意识到，建言

中的"两岸中程架构",一定要把有创新的前期讨论,作为成功的政治对话及安排的基础。在政治定位这个极其重大而敏感的问题上,我们要鼓励充分汲取各方面的意见和智慧。因此,不管是中国政府长期在政治上倡导的"一国两制"主张,还是台湾一些有识之士提出的"联邦制"或"邦联式"等方案,或是海外华裔学者设想的"一国多席模式"或"多层次参与国际活动和法制安排",及至历史上存在和现实中仍在进行的德国"巴伐利亚与联邦整体关系"模式、坦桑尼亚"桑给巴尔特殊地位"模式、瑞士联邦政治制度等实践模式,都应当看做是未来两岸中程政治框架的不同思想理论源泉——无论最终采纳与否和采用多少。

以上属于笔者个人的粗浅、不成熟的思考,算是提示性线索。可以看出,两岸新的政治与安全架构的设计,沿用以往和现有的思路是不够的,必须推陈出新、大胆创造。然而,研讨这个问题是有一定风险的,而且学术上看好这个课题并不容易,很可能吃力不讨好。但是,从中华民族的整体利益与我们在国际上推动"和谐世界"理念落实的角度衡量,做这种"创造性介入"的设想,无论如何是需要的、有益的。笔者坚持认为,有关两岸中程政治框架的设计,绝不仅是局限于两岸关系的国内事务，更不能只看做是涉台主管部门的内部工作，而应该视为国防、经贸、外交和国际关系等重大涉外领域的共同战略使命，因而须纳入新阶段中国整体对外关系的大棋局中加以权衡和推动，并引起我们外交和国际关系学界的重视和讨论。

假想2 中美日的对话

众所周知，美国作为后冷战时代唯一的超级大国，拥有任何其他国家难以抗衡的军事打击力、外交软实力和科技创新力。长期以来，美国一直是决定东亚安全状况和中国周边各个方向上安全形势的最重要因素，是唯一能在所谓"战略机遇期"构成对中国的致命威胁的大国。中美关系也是中国整个对外关系里最重要的双边关系，尤其在军事安全领域，这种关系影响着中国同邻国和国际社会各方面关系的性质与质量。在东北亚地区和亚洲范围，中日关系是有重大牵动力的双边关系，不仅两国间的贸易量和人员交流首屈一指，而且两国之间存在历史的深刻积怨和现实的主权纠纷，加上美日间安保协定（军事同盟）对日本的保护，中国与日本之间始终存在所谓"安全困境"——它构成中国立足亚太、走向全球的一大障碍。从新阶段中国外交"创造性介入"的角度来说，能否降低美日军事同盟对中国的有害性，能否强化中国对东北亚安全态势的引导力，是带有全局性的重大课题，亦是创新思路和手法的一个契机。

如何看待美日同盟？如何破解它对中国造成的潜在压力与束缚？毫无疑义，它对外宣称的"防范朝鲜挑衅"的说法，只是一个外交上的幌子，至多算一个次要的目标；它的真正假想敌当然是强势崛起的中国，一个邻近日本的大陆国家，一个政治上有共产党执政、经济上已经超过日本经济总量、文化上自成一体且有悠久文明史的"异类"国家。不论美国和日本怎样解释，这是一个不争的事实。对此中国人自己要心中有数。必须采取有效措施，减轻它对中国的安全压力，尤其不能让它阻碍中国的崛起与亚洲新地位。我们应当懂得，与其让美日安全同盟背后悄悄谋划针对中国（可能还有朝鲜和其他亚洲国家）的军事安排，莫如介入其中、降低它的危害性。俄罗斯在最近二十年左右的时间里与北约的周旋，可以提供一个示范的样本。在冷战时代，也即苏联与美国两个超级大国全面对峙的时期，北约是美国防范"苏联威胁"的主要工具，也是一架完全封闭的军事机器。在俄罗斯改变策略、主动与北约展开对话之后，世人见到，二者的关系逐渐发生了微妙改变：虽然"人心隔肚皮、仍是盟国外",但俄罗斯有了更多选择余地,比如可以在北约峰会上阐述自己的立场、争取和分化北约一些成员国,它也对北约的决策程序和军事打击目标有了更多的学习和掌握。总而言之,俄国与北约之间有更多联系与相互制约,比过去更不易发生全面军事对抗。他山之石,可以攻玉。俄国—北约的故事,对于中国处理美日安全同盟问题,应有启迪作用。

"创造性介入"便是此下题中应有之义。不妨做如下场景推想——

第一步,五年之内,早期接触。在经过周密的研究之后,我方主动提出,中国与美日安保同盟建立机制化的、初步的对话关系。这里面,既有防长和外长为主体的、每年定期轮流在三国举办的"东亚政治安全高层对话",也可以建立智库专家及学界参加的二轨定期研讨活动。前者着眼当下重大事态及政策层面的沟通,后者用更少拘束、更加灵活的方式探讨新的方案及可能性。中方要有思想准备,这个三角不是等边的,美国、日本的防范之心和"小动作"肯定不会少,最初阶段达成有实质意义的协议几乎做不到。但是,谈起来总比让对方关门内部说话要好,起码我方参加的时候会议议题、氛围和对方说话的口吻就不一样。早期阶段可能多在通报立场、各说各话，但至少做到在涉及本地区的重大危机和事态的问题上彼此能够照面，减少误判和擦枪走火的可能。

第二步，十年左右，初创规则。经过若干年的探索和彼此磨合，中美日三方建立起一系列议事规则、行动准则，比如海上危机预防、通报和处置的三方协作原则。在整个进程中，专家组已经形成制度化的准备，比如文本准备、各方新方案的收集与初步比较、重大建议和关键分歧的提交处理①；在此基础上，高官对话每次能够推动具体领域的一次前进，如降低误判的机制建设、各自重大军事演习的预先通报、有争议水域和空间的自我约束、本区域单独国家挑衅行动的联合制止、非传统安

---

① 日本早稻田大学教授、著名中国问题专家天儿慧，曾向笔者当面介绍过他的解决中日间主权争议问题的设想。依照邓小平当年的创意，他把这种安置主权纠纷的新思路称为"日中主权特区方案"。大意是，在中国日本之间敏感而重大的主权争端区域，建立"特区"制度：凡是各自涉及"特区"的重大举动或措施，都应特别谨慎处理，有关部门尤其要保持沟通，当遇到危机或麻烦时及时加以处置，避免这些危机或麻烦发展成危及两国根本利益及周边稳定的事态。据他说这一思路已在日本媒体上发表。我个人以为，天儿教授的新想法是值得讨论的，其出发点是积极的，反映了一种有利于双方根本利益的大局观。我方应在广泛研究的基础上回应，争取先在专家学者层面深入交流之后形成若干共识并提交决策部门参考。

全领域的多种合作等等。笔者希望,在第二阶段上,譬如说,有关美国与日本双边军事演习的目标及过程,有关日本国土和周边部署的美军基地的整体情况,有关中国海军走出传统水域进行外海例行训练的部署,等等,有更大的透明性和相互认知理解。

第三步,十五年乃至更长时段,逐步建立东亚安全机制。可以推算,经过战略机遇期,中国整体实力更加强大,国际经验和责任感更加成熟,处理周边事务也更加自信、有办法。在此考量下,中方应主动倡导建立全方位的东北亚安全机制,把诸如朝鲜半岛的防止军事冲突和推进和平统一纳入进来,充分吸纳东亚各国处理主权纠纷的经验教训,把东北亚各国作为一个次区域整体的对外军事合作(如共同为联合国的集体安全行动作出贡献)提上议事日程,把美国稳健、自愿而逐步撤出其在东亚的军事存在的问题考虑在内。有理由相信,如果中国能成功地消解美日安全同盟的威胁,化压力于无形甚至化敌为友,我们就有成功带动整个亚洲前行、根除亚洲式分裂状态的机会。

总之,亚洲终归是亚洲人的亚洲,东亚的问题(包括矛盾与分歧)必须由东亚各国协商一致解决。一百年前孙中山先生曾经提出过"王道"引导下的"大亚洲主义"设想，其核心含义是：中国和日本应当携手为建立亚洲新秩序做出努力，使这个长期遭受西方强权主宰的地区成为一个独立自主、繁荣昌盛的地带。一百年后的今天，我们同样面临中日互不信任的结构性困境。能否突破这一困境，从面临的主要压力中寻找突破口，是中国外交和周边外交的重大机遇和挑战。创造性地在美日安全同盟中介入缝隙，建立起三方的安全对话机制，逐步增大中国的正面影响，将是一个突破性的进展。

假想3 驾驭南海大势

站在外交与国际关系角度，简单地说，南海问题的重要性与复杂性在于：第一，从全球范围观察，南海是世界上争议面积最大的海域，涉及岛礁、水面、大陆架、沿海经济区的多重主权争议，以及外大陆架划界问题，卷入争议的有中国与东盟的多个国家。在联合国海洋法生效的最近十多年间，全球范围新一轮的"蓝色圈地运动"高潮迭起，其中表现最显著、争夺最激烈的，当属南海区域。第二，从历史上看，各国谈论自身主权权利，都有各式各样的理由及证据，而且均能从不同时段的历史上寻找到物证或史料说法，是极为典型的"公说公有理，婆说婆有理"。其他地区暂且不论，南海主权争议的各方,近期向联合国海洋法公约相关缔约国提交的各种照会、划界案文或声明,使得国际社会表达公议相当不易,通常国际法庭也很难对此做出迅速而明确的判定。第三,长期存在的南海主权纷争,随着新世纪初期中国综合国力的增强和中国海军开始走出近海,最近一段时期变得险象环生、更加扑朔迷离;一些声称拥有主权权利的东南亚国家,恰恰是华人华侨大量居住的区域,是"文化大革命"期间和之前一段时间与我国产生尖锐政治对立和外交摩擦的地带,现在的中国快速崛起,容易引起它们的消极联想和错误判断。"中国强权政治论"、"中国海上扩张论"等版本的"中国威胁论",在南海地区各国有升温的迹象。第四,在上述背景下,"世界警察"美国当然不会放过插手介入的机会,尤其是基于这样一种考虑,即中国军力和经济的快速增长,已经使亚太地区美国长期建立和支配的权力平衡结构发生某种倾斜,威胁到超级大国在东南亚一带的安全和政治利益,因此,美国必须高调返回亚洲,警告和抵消中国的"扩张",帮助东南亚国家"抗拒外来压力"。第五,在这些不利于我们的态势或复杂性面前,中国自身的思想准备不足,缺乏深入的研讨和科学合理的应对方案。举例来说,国内学界和相关部门对于邓小平当年所说的"搁置争议、共同开发"方针，虽然基本赞同，却有大相径庭的理解与诠释；国内各方面对于双边谈判还是多边处置的交涉路径，也有很不一样的看法与建议；尤其是如何综合运用我们国家的军事、经贸、外交、文化实力，统筹设计和经营南海问题，有关部门的见解不完全相同，商贸部门和地方政府之间存在差异，涉及海洋渔业、海权海监及石油开发的各个领域均有自己的利益和诉求，它们有些重合或近似，有些完全朝着不同方向。在笔者眼中，能否妥善解决南海争端，全方位运筹南海大势，是新阶段中国外交"创造性介入"成效的一块试金石。

我这里做如下设计和推导，试着为南海争端的安置提供一个大致的框架。不妨把它简称为"两区分、两联动"的思路——

所谓"两区分"包括：

首先要区分在南海问题上传统安全与非传统安全问题的不同类型与性质，实现原则性与灵活性的统一，打破外界流传的中国立场"僵硬"论、"不愿对话"论。传统安全问题包括主权纠纷和军事冲突这类涉及国家核心利益和重大安全的问题，具体指我在南海的"九段线"划分不能轻言变，中国对南海有关岛屿及周边水域的所有权不能让，在这些重大主权权益面前绝不能屈服于美国的压力和东南亚相关国家的无理要求,同时要做好最坏情况下以武力阻击美国军事强权和消除局部威胁的准备(包括研发国产航母在内各种军事"杀手锏")。但是,对于譬如说南海各类资源开发问题、海洋渔业纠纷问题、国际航道安全和自由通行权的保障问题、打击海盗和各种海上犯罪活动的问题、引发灾害的海洋洋流的监测和海啸预警等方面的问题,总之非传统安全领域的新问题新挑战,我们要抱有更加积极、开放、务实的态度,主动加强与东南亚各国的合作,适当与美国等域外大国沟通与协调,设法提出解决问题的办法和思路。不要单向度、线性地思考复杂的问题,用敌我关系简单判断我与南海各国的纠纷性质,也不要把所有鸡蛋放在一个篮子里,更不能让有关国家觉得中国在所有问题上一味强硬和难以妥协。通过有理、有利、有节地言明原则立场和进行诚恳的意见交换,尽力使东盟国家觉得中国既是一个有尊严、有坚强意志和决心捍卫主权的强大国家,又是一个善于解决问题、信守与邻为善/以邻为伴理念的好伙伴和解决问题能手。

其次是区分双边谈判与多边协商的不同领域和问题,破除对多边机制的担忧心理和不必要的自我束缚。双边谈判的对象,主要还是中国与有关国家在南海水域和岛屿的争端问题；鉴于情况各异，不同国家与我争执的地盘不同，涉及历史证据和现实要求差别甚大，因而很难用统一的模式与办法，在多边的场合讲清楚问题的原委与解决矛盾的路径；双边谈判和达成妥协是仅有的选项。但在非核心主权的其他范围及领域，尤其是涉及国际公共水域和集体安排的各个方向上，譬如讲第三国关注的国际航行自由问题、海洋法公约规定的国际海洋资源的共同利用问题、马六甲海峡通行规则的遵守及相关国家的安全保障问题、多国联合搜救演习、各国海军对于国际渔业争端介入（或不介入）的规则商定问题、大国武装力量在这一地区遵守东盟国家集体约定和安定周边的相关问题，等等，更多属于可用多边方式协商对话、缓解矛盾、推进合作的议题，我们尽可姿态高一些、态度缓和一些。利用多边机制和国际制度解决国际纷争，是冷战结束后国际政治和外交领域的总体趋势，在这方面中国过去理解得不深，运作得也不够漂亮。今后，我们应大力熟悉、学习和改进多边制度的观念与手段，逐渐掌握国际议事规则和区域问题解决的话语权。

所谓"两联动"是指：

一是各部门、各领域的联动。通过专门的全国性会议及协调机制的建立，努力做到我海军空军单位、渔业渔政部门、海监及海上交通执法单位、海上石油及天然气开发企业和主管部门、外交外贸外宣部门、中央政府和地方当局等各个方向和各个层次的协调与联动，避免单打一和孤军深入的情况发生。这方面应当看到，现有协调机制不力，需要有所更新和加强，应考虑建立有更大统筹能力的高层主管部门（比如中央领导挂帅"海洋问题领导小组"或"国务院海洋办公室"之类）。建立这类有更大决策权的机关的思想前提是，上上下下都认识到，海洋关乎全局，新时期海洋经济必然在整个国民经济中占有更大比重，海洋安全必然在整体的国防和军事现代化进程中扮演更重要的角色，海洋方面的主权纠纷和问题处置直接影响到中国在新阶段立足亚太、引导亚洲的总体战略之成败。

二是南海、东海、黄海的联动。南海问题的解决，势必给东海、黄海方向上的各种类似纠纷的解决，提供可资借鉴的样本。统筹南海大势的过程，同时是东海、黄海问题处理的雏型版本；不管具体存在哪些差别，统筹考虑的思路是一样的。比方讲，中国海军未来在东海必须有突破传统岛链封锁的策划，它同时应当与人民解放军在新时期的和平发展、合作共赢、维护世界稳定的外宣攻势结合起来，与中国在东亚地区构建安全合作框架的主导性设想结合起来；既有建造更大吨位、更先进装备、能与美日抗衡的海军舰队的设计，又有巧妙介入美国日本安全同盟的策略，而且包含了经贸和能源领域对东海油气资源的开发利用。毫无疑问，中国在三海的联动统筹不是要不要的问题，而是主动推进还是"撞击反射"的问题。现在的缺失和问题是，关于新阶段中国军事力量海上应用和中国外交的更大作用问题，外界的讨论比国内更加积极、全面和深入，我们自己反倒显得沉寂、单调和缺乏前瞻性。我们有关方面（包括军队）往往是做得多且做在前，说得少且解释不力。应当想清楚，对南海大势的统筹和宣示，关系与我大陆毗邻三海的未来，涉及中国在东亚的获益与主导权。

简言之，我们的目标，是尽最大可能和用最大诚意争取和平谈判解决南海主权争端问题、推动海洋资源的合作协商开发利用，学会和掌握双边谈判和多边周旋多种应对方式，在扎实推进中国渔业捕捞舰队、矿业运输船队、海军护航编队走向深海大洋的同时，打主动牌和下先手棋，使南海成为有利于中国崛起并普惠周边地区各国的和平之海、繁荣之海，并为东海、黄海等中国毗邻海区的类似前景提供经验和创造条件。

假想4 中非新型合作

从"创造性介入"的角度讲，非洲可能是未来一段时期特别需要中国外交有新思路的一个外部大陆。原因之一是，中国与非洲作为两个巨大的国际行为体，彼此间有很强的互补性，这方面既有很大潜力和发展空间，也存在一些困难与麻烦。如何在前一阶段的基础上提升这种关系的层次与水平，按照中国国内新的宏伟方针（"科学发展观"）调整、充实、完善我对非方略，是一个有挑战性、需要创新思路的大题目。另外一个原因在于，处理新阶段的中非关系，也是对中国全球角色及战略能力的一种测试，或者说一块试金石。对于中国的长远国际目标和实现目标的手段，外部世界存在各种猜疑和不解。中国在非洲的存在，中国与非洲的关系，往往成为攻击的口实、指责的对象。破解"新殖民主义论"和"中国威胁论"的其他版本造成的负面形象，是我外交部门和研究界一项无法回避的重大任务。

依笔者看，大而论之，过去半个多世纪间的中非关系，可以划分出"毛泽东时期"和"邓小平时期"两大阶段：前一段从建国后到改革开放前，比较注重政治价值和意识形态作用，个别时候甚至"只算政治账、不算经济账"。著名的坦赞铁路是当时中国援建的标志性工程。这种关系的一个好处，是在全球两极格局的特殊环境下拓展了中国的国际地位和影响。例如，用毛泽东的话讲，"是非洲兄弟把我们抬进联合国的"，中国所以能以不算强大和活跃的经济实力抗衡美国和苏联，与那一时期与非洲在政治上的共同命运（争取国家独立和抗拒两霸支配），以及大量对非外援是不可分的。邓小平主政之后，改变了原先意识形态主导的对非援助方针，改善了与美国及整个西方世界的关系，中国成为经济全球化、市场化大浪潮中的领先者之一，中非关系相应从经贸的、能源的、市场的角度重新构造，算"经济账"自然成了国内各方面考量的主要尺度之一。这种关系的主要优点是，极大地增强了中国企业和各部门乃至私人投资者走进非洲大陆的热情，让中国成为21世纪头一个十年在非洲投资最多、获益最大的国家，非洲许多国家和区域的自然资源得到更多利用，非洲一些地方的基础设施建设和矿产资源利用得以提速，中非贸易关系得到前所未有的扩展。

坦赞铁路

但从缺点和问题的方

面讲，两种路线都有弊端与麻烦：毛泽东时代中国的对非方针没有给中国带来什么经济上的实惠，它在今天的中国很难受到经济界和企业家的追捧；邓小平时代中国的对非战略，在给双方创造大量国家财富的同时，却遭到各式各样的批评者和外国忌妒方的"能源掠夺、市场占领"甚至"殖民主义"非议。客观地讲，今天，除开经贸关系外，中非关系的其他方面没有给世界留下太深的印象，中国提供的某些援助的效果，并没有我们国内媒体宣扬的那样如意和明显。

草拟中的新蓝图，必须着眼上述优点与不足，有新的突破与切入点，有更高层次的跃进。第三阶段的中非关系，扬长避短、提升质量，力求有如下新的突破——

（1）强化新时期的中非政治关系，切实保证中非战略协调的到位。不久前中国作为东道国承办金砖国家第三次首脑会晤时主动邀请南非加入，可算是一个漂亮的手笔。虽然国内外有不少议论，认为南非综合实力与原有金砖国家差距甚大，不够格加入新兴大国的这个俱乐部，中国高层还是力排众议，扩大了非西方大国的这个团队。这一举措使国际政治的非传统力量的崛起分布更加均衡也更有代表性，一定意义上显示出中国领导人的深远战略考虑。今后，可以有更多类似的谋划，比如分别建立中国与非洲国家联盟、七十七国集团、南部非洲集团、北非及阿拉伯国家联盟的峰会或高层定期对话机制，在中国承办有关非洲发展与应对全球挑战的高级别论坛，设立专项资金研讨非洲大陆的动力机制和成长路径，加强对中国与非洲发展不同路径的比较与相互借鉴。尤其在全球层次，凡涉及重大领域的改革或谈判，如新贸易规则、新气候制度、新不扩散条约、新反恐措施、新债权债务安排、新的联合国安理会改革办法等等，都尽可能地征求非洲大陆的意见，争取更广泛的共识与协调。应当想清楚，只有当非洲真正在国际政治舞台上愿意与中国携手时，我方改造不合理、不公正的国际机制的倡议才能向前推进一大步。

（2）提升经贸合作的水平，协助非洲大陆可持续发展能力的建设。如果说前一段中方的着力点主要在能源贸易和市场份额上，那么下一段的重点应当转向与非洲国家共同设计策划不同的开发方式，大力加强非洲人力资本方面的培养力度，真正落实我国政府承诺的帮助非洲国家的各项重大措施（如干部到中国的培训以及我方专家到非洲的技术指导）。中国自身目前正在经历科学发展观要求的结构转换、产业升级、科技带动、减少能耗、环境友好的进程，我们也应当将它推广运用到中非经济关系的提升上去，尤其是把中国特有的技术和产品（如太阳能技术、机电制造技术、道路或建筑技术、石油冶炼技术、维和军人选拔及培养办法等）传递教会给更多的非洲国家，帮助它们逐步摆脱单纯能源出口或来料加工的低级粗放模式。我们要让世界看到，中国与非洲的经贸关系绝不是中国人拿钱买走非洲自然资源或占领后者市场的旧式"依附型关系"，而是真心实现互利共赢、同时发展提升的新型合作关系。要充分认识到，这是一种有内生动力的过程，是中国国内新阶段新要求的积极外化。

（3）重视人文领域的开发利用，把有关目标从相对软的指标变成比较硬的任务。美国肯尼迪总统曾经在20世纪60年代初期推出所谓"和平队"计划，向全球推广美国的价值观、生活方式和工作技巧。我想，美国之所以有超级大国难以撼动的世界地位与此密切相关，而不止是因为拥有航母和其他高科技武器的强大硬实力。这点很值得新崛起的中国学习借鉴。坦率地说，前一段我们一些部门把人文领域的对非援助与交流，尤其是非洲干部和其他人力资本的培养投入，看成可有可无甚至是不太划算的软指标，经常是上面说得好、要求高，下面办得慢、做不到。例如商务和财政部门对于团中央推出的"赴非青年志愿者"倡议拨付的经费不足，国内一些大学和教育主管部门在落实"20+20 计划"（即中非各选择二十所大学对口开展教育领域的援助交流）方面的进度缓慢。20 世纪 70 年代在非洲大陆广为传颂的中国医生的口碑载道，有着国内高度的重视和民众的认同为基础①，而现在这方面的任务虽在，但各大医院的重视程度和落实要求却今非昔比。对此现象，领导同志和相关主管部门应认真反思和努力改进。依笔者所见，中国赴非青年志愿者计划大范围定期推动、中非教育人文合作深入人心且落实到位、中国医疗队源源不断开赴非洲大陆之日，就是中国新国际形象的这些亮丽名片充分展示给世人之时，也是中国对非洲的"创造性介入"最有成效的一刻，是中国在全球外交和国际关系高地上扎实立足的开端。

上述各个场景均可列入介于近期和远期之间的时段，既有实现的可能，又不是迫在眉睫的事情。笔者勾勒的仅仅是大体轮廓，重点不在其逼真度，而扩大想象的空间，乃关键所在。

---

① 有关中国医疗队在非洲的贡献，可参见李安山：《中国援外医疗队的历史、规模及影响》，《外交评论》2009 年第 1 期，第 25—45 页。

尾　声

小书收尾之际，说几句看似题外的话。

拙作写作的整个过程，笔者心里始终受益于姚明形象的启迪。作为成长自当代中国的篮球巨星，姚明是新时期风范大国人民的一种象征。姚明身上有若干特质，深为笔者赞赏和推荐：其一，他代表着一个"新巨人"、"新强者"的形象。与许多大牌黑人球星不同，姚明场上场下都是好样的，给曾经是美国球员称雄的NBA带来东方的清风，堪称青少年学习的榜样。中国的崛起，要像姚明那样既不受人欺负，也绝不欺负他人，不要学美国那副霸主模样，经常颐指气使、专横强硬，让很多国家和民众讨厌甚至害怕。其二，他还是一个"智者"和"仁者"的形象。姚明的风趣、能力与智慧众所周知，他热爱祖国的独特方式和对国内民情的关注，也显示出这位体育巨人的社会洞察。他在四川地震灾后尽力开展个人捐助的同时组织NBA球星参与赈灾活动；他在国内外做了多个公益广告，向世人宣讲保护地球的先进理念，他无偿为电影卡通片《马兰花》配音，以支持由他本人参与发起创立的上海特殊儿童关爱基金；他在北京奥运开幕式上高擎火炬、携灾区小英雄的那一刻，深深感染了亿万中国观众，也向世界传递出一个强大而又亲和的中国新形象。中国未来在世界上，既不能受压制又要提供帮助，一方面主动向需要中国的地区和国家提供帮助与建议，另一方面不像老牌西方列强那样指手画脚、动辄打压制裁。想想姚明的形象，国人就会懂得该如何做，做得好。中国从全球化的时代、从世界各国那里获得了许多，中国在自身逐渐强盛的同时，也应做力所能及的贡献，推动全球的和平与发展持续向前。

说到底，国际关系和对外关系也是人的关系，应当具备人的面孔，而过去很长时间人性恶的一面常常盖住人性善的另一面，衍生出太多不公正、不合理的现象，人的血肉和生动形象变模糊了，被各式各样的"利益"遮住了、压倒了。传统教科书上讲的国际关系与外交，仿佛只有尔虞我诈、争权夺利，而不去揭示实际存在的大量互助、协调的有趣现象，以及妥协、共赢的考虑与设计。无论如何这是有缺失的、值得改进的，应当教育年轻一代有更高的境界，拓展更符合新世纪人类进步要求的技能与视野。平日我们都有感受，如果一个人对他人真诚相待，就会赢得尊重与礼遇；如果社区环境都朝着这个方向努力，在每家保护各自隐私和利益的前提下，所有人家都会受益。反过来，假使社区内部强盗或流氓成群且无法无天，没有规章制度和执法公器，各家各户"只扫自家门前雪，哪管他人瓦上霜"，那样的话，混乱和械斗就成了常态。当然，纯粹的两极形态不多见，比较常见的是多种因素混杂的局面。在这种情况下，就要看总体的氛围如何，多数人往什么方向使劲——所有人都试着压倒对方，比别人更威风、更厉害，结局就是"囚徒困境"，气氛就越来越压抑；如果大家试着求同存异，往建设性合作性的方向努力，加上好的激励与规制，整体的气氛就会不断改善。一个社区如此，国家内部亦然，国家之间也一样。当然，国际关系有自己的特点，对外关系要有精密的设计与坚实的基础，比方说用合理的妥协达成共识，用保持存量、扩大增量的思路实现共赢，还要有防范霸权的准备，能在不测情况下使自己立于不败之地。总的思路是如何往好的方向带动，巧妙引导国际变化朝积极方向演进，既保障和扩大自己的利益，也促进国际的进步与发展。这就是"创造性介入"的本质。

中国人口占当今全球总人口的五分之一，中华文明源远流长、博大精深，现在我们国家的成长之势气势如虹，在这种背景下，中国人要学会用自己的努力推进世界的变化，成为提供方案和解决问题的行家里手。不论从什么角度讲，中国人在新世纪引导的国际关系，理应具有更多人性的、文明的、平和的成分，使偏差的那些地方有所纠正，使国际制度和规范渐渐朝着进步、合理的方向变化。

须记住,"打铁先要本身硬"。当我们在各种国际场合呼吁"国际关系民主化"时,先要努力推动国内政治决策和体制安排的科学化、民主化。当我们在哥本哈根与各国代表绞尽脑汁商议新的全球气候制度时,自己心里要明白,没有国内过硬而像样的节能减排,中国政府谈判代表是不会有大的谈判底气和收获的;当我们批评美国国务院发表的《人权白皮书》滥加点评他国人权状况,却丝毫不反思美国国内的类似问题时,必须清醒地意识到,中国本身确实同样存在许多公民个人权利不足的现象,需要认真和大力地去改善、去纠偏;很多国人大声批评一些西方强权滥用国际决议、不尊重国际法、以权谋私的恶言恶行时,不妨反思、追问一下,国内的"宪法尊严"、"依法行政"、"执政为民"的方针和各类口号究竟落实多少,有什么样的障碍。归根到底,唯有保持清醒的头脑,存有忧患意识和批评精神,推进国内改革、开放和进步的步伐,我们才有足够的自信大声说:中国人正努力倡导和实践"和谐世界"理念,"中国将使国际秩序得到更好的改造,中国的崛起对国际社会是福不是祸",中国国内的变革与进步,将使中国在国际舞台上的倡议和举措更有公信力、更有可行性,反过来促使中国的安全和发展更有保障。所以,笔者在不同场合反复强调，在全球化的今天，国家的进步性与国家的安全性成正比关系；中国的发言权和国际形象，与我们国内的积极变化密不可分。也只有这样想和这样做，中国的外交和国际战略才算是以人为本、以社会为基。这既是对绝大多数中国人负责的态度，也是对全球社会和整个人类负责的态度。

恩格斯曾说，历史结果是多种力的平行四边形的一种合力。① 我以为，这是一种很深刻的说法，亦适用于看待国际关系和外交领域的进步。国际关系和外交领域里，胡锦涛、普京、奥巴马等作为世界大国领袖，当然有常人难以企及的作用力，而巴勒斯坦游击队、"基地"组织和世界各地的非政府团伙也经常施加各自的影响，普通百姓、大众传媒、知识分子同样是"多种力"的不同部分。重大事件和历史进程的最终结局，任何人不能完全左右，每个人又有自己的一分力。所以，我们不要小瞧自己，不要觉得人微言轻，不要以为历史只是大人物的创造。聚沙成塔，积少成多。每个人都以自己的方式，影响着、改变着、塑造着这个时代。

期待伟大祖国的进步，期待我们所有人的进步。

---

① 参见《马克思恩格斯选集》第四卷，人民出版社1995年版，第697页。

后 记

调到北京大学两年了，心里的感激却益发浓厚。蔡元培先生所说的"思想自由，兼容并包"，听上去简单，做到却大不易。北大存在这种氛围，来了才有感受。对于我这个骨子里的"自由主义者"，此地真像一片绿荫。心里在说，感谢王缉思、袁明、吴志攀等师长和领导对我的盛情相邀和细心关照，感谢北大国际关系学院所有同事用心培育的、让我喜爱的工作气氛，感谢那么多优秀的北大学子在课堂内外给我带来的活力与启示。

也对北大出版社张黎明总编辑、耿协峰博士、张盈盈编辑和我的博士生黄立志同学表示谢意，但愿我这本小书没有辜负他（她）们的盛情与协助。篇幅不大的这部作品，也是我研究中国外交的一次新尝试；与自己此前类似题材的作品不太一样，读者面前的这本书比较通俗，便于更多的人阅读和批评。

最后想对母亲和妹妹说句话：妈妈是拙作的第一读者，她对儿子写作及成果的关心超过世上任何人，对我而言，这种关心也胜过一切。逸冰大病初愈，本该静养的她却不时询问哥哥写作的进展，对本书中的外交故事充满兴趣。我衷心祝愿妹妹早日康复，美丽、好奇一如既往。

2011年6月中旬记于武汉近郊光谷"清风"